INHALT

IMPRESSUM
THE ROYAL COLLECTOR'S EDITION

Ein Titel der Funke Mediengruppe
FUNKE ONE GMBH
Jakob-Funke-Platz 1
45127 Essen

Chefredakteurin
Nicole Kleinhammer (V.i.S.d.P.)

Art-Direktorin
Liliana Trinca

Grafik
Katja Hagen

Korrektur
Lektornet GmbH

Geschäftsführer
Andrea Glock, Simone Kasik,
Christoph Rüth

Herstellung
Jutta Eckebrecht

Druck
MAYR MIESBACH GmbH
Am Windfeld 15
83714 Miesbach

Vertrieb
Gesamtvertriebsleitung:
Andreas Klinkmann

Einzelhandel
MZV Moderner Zeitschriften
Vertrieb, GmbH & Co. KG
Ohmstraße 1
85716 Unterschleißheim

Publishing Director
Immo Riege

Titelfoto
Yousuf Karsh/Camera Press/
Picture Press/ddp

Fotos
Getty Images, DDP,
Visum, Shutterstock, DPA.

Chief Product Officer
Sebastian Kadas

ISBN
978-3-95856-188-5

LIEBE LESERIN, LIEBER LESER,

sie war für alle *die* Königin. Eine Ikone, eine Legende. In ihrer Regierungszeit wirkte Queen Elizabeth als beständige und verlässliche Persönlichkeit in Großbritannien und auf der Weltbühne. Sie half in einer Phase dramatischer Veränderungen, die königliche Familie als eine Bastion der Kontinuität zu etablieren.

Bis zum Schluss diente sie ihrem Volk, noch zwei Tage vor ihrem Tod ernannte Queen Elizabeth II. Liz Truss zur neuen Premierministerin, obwohl sie da schon längst in ihrer schottischen Sommerresidenz unter ärztlicher Beobachtung stand und ihre Kinder sowie ihre Enkel William und Harry zu ihr eilten.

Am Donnerstagabend, den 8. September, verbreitete der Buckingham-Palast dann die Nachricht, die Queen sei im Alter von 96 Jahren gestorben. 70 Jahre und 213 Tage davon saß sie auf dem Thron. Damit war die britische Königin so lange im Amt wie vor ihr nur zwei andere Könige auf der ganzen Welt.

Bereits vor Bekanntgabe von Elizabeths Tod hatten sich Hunderte Menschen in London vor dem Buckingham-Palast versammelt. Viele stimmten die Nationalhymne an und brachen in Tränen aus, als die Flagge auf halbmast gesetzt wurde. Andere gedachten der Queen auf eine sehr kreative Art und Weise. Ein wunderbares Beispiel dafür ist der Künstler Steven Thompson, der sich von der Queen auf @sthompsonart mit der oben gezeigten, sehr besonderen Illustration verabschiedete.

Zum Gedenken an die beliebte Monarchin möchte ich Sie hier auf eine Reise durch ein außergewöhnliches Leben einladen. Wir erzählen Elizabeths Geschichte mit seltenen Bildern, wissenswerten Details und exklusiven Interviews. Ich wünsche Ihnen viel Freude bei der Lektüre!

Nicole Kleinhammer
Chefredakteurin

SISSI

Das einzigartige Kochbuch zum Filmklassiker

Unwiderstehliche Köstlichkeiten aus der Hofküche. Dazu gibt es interessante Hintergründe über die kaiserliche Küche, über Etikette, Dekor und Geschirr. Anregende Dialoge und erstmals farblich restaurierte Bilder aus der „Sissi"-Filmtrilogie erwecken die bezaubernde Liebesgeschichte von Sissi und Franz Joseph erneut zum Leben.

75 Rezepte – inspiriert von Kaiserin Elisabeths und Kaiser Franz Josephs Hofköchen

Das Haus Windsor
STAMMBAUM

Legende:

 Heirat

- - - Kinder

─── Thronfolge

Königin Victoria
1819–1901
Regentschaft
1837–1901
Heirat Prinz Albert
von Sachsen-Coburg
und Gotha 1840

**König
Christian
IX.
von Däne-
mark**
1818–1906
*Regent-
schaft
1863–1906*

Prinzessin Alice
1843–1878
Heirat 1862

**Louis IV., Großherzog von
Hessen und bei Rhein**
1837–1892

Edward VII.
1841–1910
*Regentschaft
1901–1910*

**Alexandra
von Dänemark**
1844–1925

**König
George I.
von Grie-
chenland**
1845–
1913
*Regent-
schaft
1863–
1913*

**Prinzessin
Victoria**
1863–1950
Heirat 1884

**Louis Alexander
Mountbatten**
1854–1921

George V.
1865–1936
*Regentschaft
1910–1936*

Mary von Teck
1867–1953
Heirat 1893

**Prinz Andrew
von Griechenland
und Dänemark**
1882–1944

Prinzessin Alice
1885–1969
Heirat 1903

Edward VIII.
1894–1972
Abdankung 1936
Heirat
Wallis Simpson 1937

George VI.
1895–1952
*Regentschaft
1936–1952*

Elizabeth Bowes-Lyon
1900–2002
Heirat 1923

Prinzessin Margaret
1930–2002
*Heirat Antony
Armstrong-Jones 1960*

Queen Elizabeth II.
1926–2022
Regentschaft 1952–2022

**Philip, Herzog von
Edinburgh**
1921–2021
Heirat 1947

Das Haus Windsor
STAMMBAUM

Queen Elizabeth II.
1926–2022
Regentschaft
1952–2022

King Charles III.
1948–
Regentschaft
2022–

Diana, Prinzessin von Wales
1961–1997
Heirat 1981
Scheidung 1996

Camilla, Queen Consort
1947–
Heirat 2005

Prinzessin Anne
1950–

Mark Phillips
1948–
Heirat 1973
Scheidung 1992

Timothy Laurence
1955–
Heirat 1992

Philip, Herzog von Edinburgh
1921–2021
Heirat 1947

Prinz Andrew
1960–

Sarah, Herzogin von York
1959–
Heirat 1986
Scheidung 1996

Prinz Edward
1964–

Sophie, Gräfin von Wessex
1965–
Heirat 1999

**William,
Prinz von Wales**
1982—

**Catherine,
Prinzessin von Wales**
1982—
Heirat 2011

**Prinz George
von Wales**
2013—

**Prinzessin
Charlotte von
Wales**
2015—

**Prinz Louis
von Wales**
2018—

**Harry,
Herzog von Sussex**
1984—

**Meghan,
Herzogin von Sussex**
1981—
Heirat 2018

**Archie Harrison
Mountbatten-
Windsor**
2019—

**Lilibet Diana
Mountbatten-
Windsor**
2021—

Peter Phillips
1977—

Autumn Phillips
1978—
*Heirat 2008
Trennung 2020*

**Savannah
Phillips**
2010—

**Isla Elizabeth
Phillips**
2012—

Zara Phillips
1981—

Mike Tindall
1978—
Heirat 2011

**Mia Grace
Tindall**
2014—

**Lena Elizabeth
Tindall**
2018—

Prinzessin Beatrice
1988—

Edoardo Mapelli Mozzi
1983—
Heirat 2020

**Sienna Elizabeth
Mapelli Mozzi**
2021—

Prinzessin Eugenie
1990—

Jack Brooksbank
1986—
Heirat 2018

**August Philip
Hawke
Brooksbank**
2021—

Lady Louise Windsor
2003—

James, Viscount Severn
2007—

In der Gegenwart

Legende:

 — Heirat

- - - Kinder

—— Thronfolge

9

DIE KÖNIGIN IST TOT, ES LEBE DER KÖNIG!

Königin Elizabeth II. ist am 8. September 2022 friedlich in ihrem Haus in Balmoral, Schottland, gestorben, teilt der Buckingham-Palast in einer Erklärung mit. Sie wird 96 Jahre alt. Drei Tage später wird ihr Sohn Prinz Charles in einem formalen Akt offiziell zum König Charles III. ernannt

Während ihrer Rekordregentschaft von mehr als 70 Jahren gilt Queen Elizabeth als zuverlässig, stabil und unverwüstlich. Für das Volk ist sie der Fels, auf dem Großbritannien errichtet wurde. Weder Krankheiten noch Katastrophen können sie aufhalten, ihren Pflichten nachzugehen – bis der Tod von Prinz Philip, der am 9. April 2021 99-jährig stirbt, alles verändert.

Er ist nicht nur ihr Ehemann seit 73 Jahren. Philip ist die Liebe ihres Lebens, ihr engster Vertrauter, ihre größte Stütze. Als er stirbt, legt sich ein Hauch von Gebrechlichkeit um die Queen. Das eindringliche Bild von der einsamen, in sich versunkenen Königin bei seiner Beerdigung am 17. April brennt sich in das kollektive Gedächtnis ein. „Meine Mutter ist eine unglaublich tapfere Person", beschreibt sie Prinz Andrew. Doch nichts kann die „große Lücke in ihrem Leben" schließen. Philips Verlust hat die einst unerschütterliche Königin schwer verwundet und verändert. Sie ist seitdem nicht mehr dieselbe.

Seine Abwesenheit bekommt sie besonders zu spüren, als es um die neuen Skandale der Windsors geht. „Ich trage die Krone, aber in Familienangelegenheiten hat Philip immer die Hosen an", wurde die Königin früher zitiert. Er hätte gewusst, was neben Liebe, Toleranz und Herzensgüte noch nötig ist, um die Familie zusammenzuhalten. Die Fronten zwischen Harry und Meghan auf der einen Seite und Charles, William und Kate auf der anderen hätten sich erst gar nicht verhärtet. Mit Diplomatie hätte er zu verhindern gewusst, dass die Sussexes der Familie in England ein Jahr lang die Urenkelin Lilibet vorenthalten. Ohne ihn ist es schwer für die Queen, den Familienfrieden wiederherzustellen.

Auch bei dem nicht enden wollenden Skandal um Andrews Nähe zum verurteilten Sexualstraftäter und US-Milliardär Jeffrey Epstein wäre ihr Philips Rat teuer gewesen. Zum Schutz der Krone entzieht sie ihrem Lieblingssohn die militärischen Zugehörigkeiten und Schirmherrschaften. Im Februar dieses Jahres einigt er sich mit dem Missbrauchsopfer Virginia Giuffre außergerichtlich auf einen finanziellen Vergleich in Millionenhöhe. Einen Teil der Summe soll die Queen aus ihrem Privatvermögen dazugegeben haben. Bei der Gedenkfeier für Prinz Philip in Westminster Abbey am 29. März darf Andrew sie überraschend begleiten – der Versuch einer Mutter, ihr Kind zu rehabilitieren.

Nach Philips Tod gibt die Arbeit Elizabeth ein Stück Normalität zurück, bereits nach vier Tagen nimmt sie an einer Zeremonie im Schloss teil. In den kommenden Monaten häufen sich jedoch die Krankmeldungen. Im Oktober muss die Queen für einige Voruntersuchungen über Nacht ins Krankenhaus, im Februar erkrankt sie an Corona. Sie leidet an „leichten, erkältungsähnlichen Symptomen", hält trotz Quarantäne virtuell Treffen ab. Termine vor Ort müssen allerdings immer öfter kurzfristig abgesagt werden, selbst die, die immer ein fester Bestandteil des königlichen Kalenders waren. Der Grund: Mobilitätsprobleme. Ob beim Ostergottesdienst oder bei den Highland-Spielen in Schottland – die Abwesenheit der Königin gibt immer häufiger Grund zur Sorge. Auch zu ihrem 70. Thronjubiläum ist Elizabeth angeschlagen. Vom 2. bis 5. Juni feiern die Briten sie für ihren selbstlosen Einsatz, während die Queen bereits leise Abschied nimmt.

Schon mit 21 Jahren verspricht sie, bis zu ihrem letzten Atemzug der Krone zu dienen – und sie wird ihr Wort halten. Am 6. September ernennt die Queen Liz Truss auf Schloss Balmoral in Schottland zur neuen Premierministerin Großbritanniens. Gut gelaunt wirkt sie eigentlich wie immer. Nur ein dunkler Fleck auf dem rechten Handrücken sorgt für Unbehagen. Zwei Tage später schließt die Königin für immer ihre Augen. ✳

FOTO: GETTY IMAGES/ CARL COURT

MIT DER S-BAHN NACH POTSDAM

Als Queen Elizabeth zum ersten Mal nach Deutschland kommt, ist sie seit elf Jahren Königin, die Hauptstadt der BRD heißt noch Bonn, Kanzler ist Ludwig Erhard. Der Zweite Weltkrieg ist erst knapp 20 Jahre her, die Reise eine Geste der Versöhnung – und der Empfang euphorisch

Die Queen und Deutschland – dieses Verhältnis ist vielschichtig. Wie ihr Mann Philip Mountbatten (der anglisierte Familienname Battenberg der britischen Familie seiner Mutter) hat sie deutsche Vorfahren. Das allein zeigt, dass Staatsbesuche von Königin Elisabeth II. in Deutschland für sie keine Besuche wie jeder andere sind. Es ist eine Reise zu ihren Wurzeln.

Eigentlich muss man sogar schon sehr weit zurückgehen, um einen richtigen Engländer auf dem Thron zu finden. Denn bereits 1714 schwingt Kurfürst Georg Ludwig von Hannover das Zepter. In seinen 13 Jahren als König George I. lernt er auch nie wirklich Englisch. Der zeitweise verwirrte George III. blieb vor allem dafür in Erinnerung, dass er einmal eine Eiche als König von Preußen ansprach.

Bis ins 20. Jahrhundert sucht sich die Königsfamilie ihre Partner im deutschen Adel. So heiratet Königin Victoria 1840 Prinz Albert von Sachsen-Coburg und Gotha. Zu seinem bleibenden Erbe gehört der deutsche Christbaum. Bis zum heutigen Tag packt die Königsfamilie ihre Geschenke an Heiligabend aus und nicht erst nach britischer Sitte am Morgen des ersten Weihnachtstages. Für manche Boulevardzeitung grenzt das fast schon an Landesverrat.

Aufgrund der deutschen Abstammung und der Verwandtschaft der königlichen Familie mit einem regierenden landesfürstlichen Haus des deutschen Kaiserreichs wächst der innenpolitische Druck während des Ersten Weltkrieges mit der Folge, dass König George V. am 17. Juli 1917 den anglisierten deutschen Namen Saxe-Coburg and Gotha, den die Familie seit 1840 trug, in den jetzigen Namen Windsor ändert.

Als Kind erlebt Elizabeth die deutschen Bombenangriffe auf London und grüßt 1940 in ihrer ersten Rundfunkansprache ihre Altersgenossen, die aus den Städten evakuiert worden sind. Und auch ihre große Liebe Philip ist nicht unumstritten: Er wächst zum Teil sogar am Bodensee auf und spricht Deutsch. Seine Schwestern sind mit deutschen Adligen verheiratet, die Verbindungen zu den Nationalsozialisten hatten. Sie werden deshalb auch nicht zur Hochzeit im November 1947 eingeladen. Auch Elizabeth's Mutter soll sich anfänglich gegen die Vermählung ausgesprochen und Philip als „Hunnen" (ein englisches Schimpfwort für Deutsche) bezeichnet haben. Als die Queen 1992 mit Philip zu ihrem dritten Staatsbesuch nach Deutschland kommt, ist dies auch ein Anlass für ein großes Verwandtentreffen. ✽

TEXT: MARLIES FISCHER

1965

⟜•▸ Am 18. Mai 1965 kommt die Queen am Flughafen Köln-Bonn an und wird vom damaligen Bundespräsidenten Heinrich Lübke und seiner Frau Wilhelmine in der Villa Hammerschmidt in Bonn empfangen. Für Deutschland ist es der erste Staatsbesuch eines britischen Monarchen seit 1909. „Es war wie im Märchen – nur war alles viel schöner, denn alles war Wirklichkeit." So schreibt das „Hamburger Abendblatt", als Königin Elisabeth II. und Prinz Philip für zwölf Stunden Hamburg besuchen. 70.000 Menschen auf dem Rathausmarkt jubeln ihnen auf dem Rathausbalkon zu. Tausende säumen den Klosterstern, als die Queen im offenen Wagen vorbeifährt. Die Kinder haben schulfrei. 20 Termine absolvieren die Majestäten in der Hansestadt. Als die königliche Jacht „Britannia" am Abend Hamburg verlässt, stehen mehr als 200.000 Menschen am Elbufer. Nach den Nationalhymnen spielt das Marine- und Polizeimusikkorps auch noch „Muss i denn, muss i denn zum Städtele hinaus". Die „Times" schwärmt von einem unvergesslichen Abschied.

Oben: Im Mai 1978 steht der zweite Staatsbesuch auf dem Programm. Königin Elisabeth II. und Prinz Philip reisen nach Berlin, Bonn, Mainz, Kiel und Bremen. Der damalige Bundespräsident Walter Scheel und seine Frau Mildred geben für die Queen und ihren Gatten am 22. Mai 1978 ein großes Dinner auf Schloss Augustusburg in Brühl. Die Berichte klingen nach weniger Aufregung. Die Queen besucht zwischen Bonn und Bremen eine Schau von holsteinischen Zuchtpferden in Gut Schierensee bei Kiel. In Berlin hält sie an der Gedächtniskirche eine Ansprache vor 40.000 Menschen und macht einen Spaziergang auf dem Kurfürstendamm. In Berlin nimmt die Queen am 24. Mai 1978 eine Parade zu Ehren ihres Geburtstages ab. Es ist das erste Mal, dass die Zeremonie außerhalb Londons stattfindet. Unten: Nicht immer ist es das ganz große Protokoll, wenn die Queen nach Deutschland kommt. Sie schaut öfter bei ihren Soldaten vorbei. Nicht ein Staatsbesuch, sondern der 750. Geburtstag der Stadt führt sie 1987 nach Berlin.

1990

1992

➤➤Oben: Mitglieder des britischen Königshauses statten dem britischen Militärstützpunkt Laarbruch mehrfach Besuche ab. Prinz Philip ist dreimal auf Laarbruch zu Gast, Prinz Charles einmal. Der absolute Höhepunkt ist allerdings im November 1990 der Besuch von Queen Elizabeth II. Unten: 1992 ist für Elizabeth ein schreckliches Jahr, das „Annus horribilis": Windsor Castle brennt, Charles und Diana sind in der Ehekrise. Besser hat sie wahrscheinlich ihren dritten Staatsbesuch in Deutschland, kurz nach der Wiederver-einigung, in Erinnerung. Beim Bankett im Brühler Schloss Augustusburg bekennen sich Elisabeth II. und Bundespräsident Richard von Weizsäcker zu Europa. Unter den Gästen ist auch Tennisprofi Boris Becker mit seiner damaligen Freundin Barbara Feltus. Am Brandenburger Tor betritt die Queen in Begleitung des Bundespräsidenten und des regierenden Bürgermeisters Eberhard Diepgen erstmals ostdeutschen Boden. In Bonn trifft sie Bundeskanzler Helmut Kohl in dessen Bungalow.

2000

2004

⏺◦▸ Oben: Im Juli 2000 wird der Neubau der britischen Botschaft in der Wilhelmstraße in Berlin offiziell eingeweiht. Es ist das erste Mal in der Geschichte des Königreiches, dass eine Regentin höchstpersönlich eine Auslandsvertretung eröffnet. Die Botschaft nahe dem Brandenburger Tor ist an historischer Stelle errichtet worden. Dort stand sie schon einmal. Die alte Botschaft wurde jedoch im Zweiten Weltkrieg zerstört. Unten: Beim vierten Staatsbesuch im November 2004 reist Elizabeth drei Tage durchs Land, besucht unter anderem Berlin, Potsdam und Düsseldorf. Der damalige Bundeskanzler Gerhard Schröder empfängt Königin Elisabeth II. und Prinz Philip in Berlin. Die Queen klingt dabei fast schon wie eine Touristin: „Jedes Mal, wenn ich nach Berlin komme, bin ich aufs Neue erstaunt, wie sich die Stadt verändert", sagt sie beim Staatsbankett. In einem Panoramazug der S-Bahn fährt sie nach Potsdam. In Düsseldorf wird die Queen mit amüsierter Miene bei einer Modenschau gesichtet.

2015

Staatsbesuch Nummer fünf. Politisch bewegt beide Länder zu dieser Zeit vor allem, dass Großbritannien auf dem Weg zu einem Referendum über die EU-Mitgliedschaft ist. Während ihres ersten Aufenthalts in Frankfurt besichtigt sie die Paulskirche und trägt sich ins Goldene Buch der Stadt ein. Auf eigenen Wunsch besucht sie das ehemalige Konzentrationslager Bergen-Belsen. Es wurde im April 1945 von britischen Soldaten befreit, wenige Wochen zuvor starb dort Anne Frank. 20 Minuten hat Elizabeth II. in der Gedenkstätte, um einen Kranz niederzulegen und mit Veteranen sowie ehemaligen Häftlingen zu sprechen. Am Brandenburger Tor steht ein kleiner Rundgang auf dem Programm, ein „Walkabout" und ein Besuch bei Angela Merkel im Kanzleramt. Gute Chancen, die Queen zu sehen, bieten sich am Ufer der Spree, als sie eine Schifffahrt macht. Auf eine Einladung des britischen Botschafters Simon McDonald hin feiern 600 Gäste den Geburtstag der Queen auf einer Gartenparty nach. 50 Liter Gin-Likör stehen dafür bereit.

EINE BEZAUBERNDE KINDHEIT

Als junges Mädchen liebt Prinzessin Lilibeth nichts mehr, als im Freien zu spielen und auf Ponys zu reiten – und sie hätte sich ganz bestimmt nicht vorstellen können, dass sie jemals Monarchin sein würde

„Wir haben uns schon lange ein Kind gewünscht, um unser Glück zu vervollständigen", das schreibt der Duke of York, als seine Erstgeborene, Prinzessin Elizabeth Alexandra Mary, benannt nach ihrer Mutter, Großmutter bzw. Urgroßmutter, am 21. April 1926 um 2.40 Uhr in der Bruton Street 17 im Londoner Stadtteil Mayfair geboren wird. Als erste Enkelin von George V. soll sie den notorisch streitsüchtigen König mit ihrem gewinnenden Lächeln, ihren blonden Locken und ihrem ausgesprochen sonnigen Gemüt bezaubert haben. Auch Winston Churchill bemerkt früh, dass das kleine Mädchen etwas ganz Besonderes sei, bereits als Zweijährige Autorität und Nachdenklichkeit ausstrahle und Persönlichkeit habe, was für ein Kind erstaunlich sei. Ihre Cousine Margaret Rhodes beschreibt Queen Elizabeth als „munteres kleines Mädchen, aber grundsätzlich vernünftig und artig".

Die junge Prinzessin ist die Dritte in der Thronfolge, und niemand erwartet, dass Elizabeth eines Tages Königin werden würde. Dennoch bekommt sie eine sehr königliche Erziehung, da Elizabeth von Kindermädchen und Gouvernanten aufgezogen wird, während ihre Eltern – Elizabeth Bowes-Lyon und Prinz Albert („Bertie") York – mit offiziellen Aufgaben beschäftigt sind. Die zweite Tochter, Prinzessin Margaret, folgt vier Jahre später, geboren am 21. August 1930 auf dem Familiensitz ihrer Mutter, Glamis Castle – das erste königliche Baby, das seit 1600 in Schottland geboren wird. Die beiden Prinzessinnen sind von Beginn an unzertrennlich.

In London lebt die Familie in der Piccadilly 145 und wählt die Royal Lodge im Windsor Great Park als ihren Rückzugsort auf dem Land. Dort verliebt sich Elizabeth auch in den ersten Corgi der Familie, Dookie, in die freie Natur und das Reiten. Doch das soll sich alles ändern …

Im Jahr 1936 dankt Prinzessin Elizabeths Onkel, König Edward VIII., nach nur 325 Tagen auf dem Thron ab und zieht „die Frau, die ich liebe", die geschiedene Amerikanerin Wallis Simpson, einem öffentlichen Amt vor. Sein Bruder Bertie rückt ins Rampenlicht und wird zu König George VI. gekrönt. Seine Familie zieht unterdessen in den Buckingham Palace um. Berichten zufolge fragt Prinzessin Margaret ihre Schwester: „Bedeutet das, dass du Königin werden wirst?" Und Elizabeth antwortet ruhig: „Ja, ich nehme an, das tut es."

Hinter den Kulissen gibt es jetzt viel zu tun. Elizabeth muss auf das höchste Amt im Lande vorbereitet werden, und so wird ihre Ausbildung auf Staatsangelegenheiten ausgeweitet. Ihr natürlicher Fleiß und ihr angeborenes Pflichtgefühl helfen ihr dabei, der Aufgabe gewachsen zu sein. Den Großteil des Zweiten Weltkriegs verbringen die Teenager-Prinzessinnen auf Windsor Castle und treten 1945 dem Auxiliary Territorial Service bei, wo Elizabeth als Mechanikerin und Fahrerin mit großem Einsatz arbeitet, um die Kriegsanstrengungen zu unterstützen. Die Royals spielen eine wichtige Schlüsselrolle bei den Kriegsanstrengungen. Der Historiker und Biograf Philip Ziegler schreibt über König George VI.: „Das Bild des Königs im Krieg, das sich am stärksten einprägt, ist das eines schlanken, müden Mannes, der sich seinen Weg durch die Ruinen der einen oder anderen zerstörten Stadt bahnt … entschlossen, die Leiden seiner Untertanen zu teilen."

Als die begehrteste junge Frau Großbritanniens nach Ende des Zweiten Weltkrieges damit beginnt, Gesellschaftsbälle zu besuchen, glänzt sie auch hier – und das trotz der schweren Last der Erwartung, die auf ihren Schultern liegt. Es gibt keinen Zweifel daran, dass sie eine Königin im Werden ist. ✳

Elizabeth, die Herzogin von York, schaut liebevoll in das Gesicht ihres einen Monat alten Babys, ihres erstgeborenen Kindes, der zukünftigen Königin Elizabeth. Elizabeth wird im Buckingham Palace mit Wasser aus dem Fluss Jordan getauft. Wie die meisten Babys weint sie Berichten zufolge während der gesamten Zeremonie.

König George VI. mit seiner Ehefrau Elizabeth Angela Marguerite Bowes-Lyon und ihren Kindern, den Prinzessinnen Margaret und Elizabeth, im Jahre 1937. Alle Königsfamilien wünschen sich für ihren Nachwuchs eine möglichst normale Kindheit, so auch Elizabeth's Mutter „Queen Mum", die der Meinung ist, dass eine Kindheit voller glücklicher Erinnerungen sein sollte, die man für schwere Zeiten aufbewahren kann. Sie hält wenig von Disziplin. Die junge Elizabeth liebt zum Beispiel sehr das Singen und Klavierspielen mit ihrer Schwester, sie liest so viele Pferdebücher wie möglich. Aber das ist auch schon in den 1930er-Jahren, als die heutige Queen unweit ihres Londoner Zuhauses im Park spielt, schwierig: Die Schwestern werden von Menschentrauben belagert und angestarrt.

Ganz oben: Die vierjährige Prinzessin Elizabeth spielt mit ihren Eltern, dem Herzog und der Herzogin von York, Puppenteepartys. Oben links: Prinzessin Elizabeth mit ihrem Onkel, dem Prince of Wales, dem späteren König Edward VIII., im September 1933, als sie während eines Besuchs des königlichen Anwesens in Balmoral von der Kirche zurückkehren. Die junge Prinzessin ist Berichten zufolge sehr angetan von ihrem lebensfrohen Onkel David, wie er in der Familie genannt wird. Seine nach damaligen Maßstäben skandalöse Liebe führt schließlich zu ihrer eigenen Thronbesteigung. Oben rechts: Eine freudige Königin Elizabeth mit ihrer älteren Tochter Prinzessin Elizabeth, die noch etwas skeptisch schaut, nach der Krönung von König George VI. auf dem Balkon des Buckingham Palace.

Oben: Mit Margaret an ihrer Seite hält Prinzessin Elizabeth, 14, im Oktober 1940 ihre erste öffentliche Rede während einer Live-Radiosendung für das Kinderprogramm der BBC, angesprochen sind vor allem Evakuierte. Unten links: Die Familie vor Y Bwthyn Bach („Das kleine Haus"), dem strohgedeckten Miniaturhäuschen auf dem Gelände der Royal Lodge in Windsor, das Prinzessin Elizabeth zu ihrem sechsten Geburtstag vom walisischen Volk geschenkt bekam. Unten rechts: Die Schwestern in einer Pantomime von „Aladdin" im Jahr 1943, um Geld für den Krieg zu sammeln.

Um sich an den Kriegsanstrengungen zu beteiligen, wird die engagierte Prinzessin Elizabeth 1945 als Unteroffizierin in den Auxiliary Territorial Service aufgenommen. Sie lernt Fahren und Fahrzeugwartung. Hier ist sie beim Radwechsel an einem Armeelaster zu sehen.

Oben und unten: In dieser Fotoserie, die im Juli 1946, als sich die Menschen wieder auf die Friedenszeit konzentrieren und England den Sommer genießt, aufgenommen wird, erhalten die Untertanen einen aufschlussreichen Blick auf „Uns vier", wie der König seine Familie liebevoll nennt. König George VI. und Königin Elizabeth entspannen sich mit ihren Töchtern Elizabeth und Margaret in den Gärten der Royal Lodge in Windsor. Die Gärten gehören zur Windsor-Residenz, die von Königin Elizabeth, der Königinmutter, von 1952 bis zu ihrem Tod im Jahr 2002 bewohnt wird.

Prinzessin Elizabeth glücklich, selbstbewusst und entspannt im Austausch mit ihrem Vater im Jahr 1946. Um diese Zeit beginnt die verliebte Elizabeth, ihren Vater zu überreden, sie Prinz Philip von Griechenland heiraten zu lassen. Der König ist zunächst zurückhaltend, aber vielleicht sind es gewinnende Gespräche wie dieses, die ihn schließlich zu der ein Jahr später verkündeten Liebesheirat bewegen.

JUNG UND VERLIEBT

Prinzessin Elizabeth hat keinen Zweifel: Mit 13 Jahren
trifft sie ihren Prince Charming. Das ist
der Mann, mit dem sie ihr Leben verbringen will

Alles geht auf das Jahr 1939 zurück, als König George VI. und Königin Elizabeth das Royal Naval College in Dartmouth im Südwesten Englands besuchen. An ihrer Seite die beiden jungen Prinzessinnen Elizabeth und Margaret. Das College wählt einen seiner Besten, einen smarten 18-jährigen Marineoffizier namens Philip Mountbatten als Begleiter für die Prinzessinnen aus. Überliefert ist, dass sich die 13-jährige Prinzessin Elizabeth Hals über Kopf in ihren entfernten Cousin verliebt – die Gouvernante Marion „Crawfie" Crawford bemerkt, dass ihr Schützling „seine Augen nie von ihm abwenden konnte". Von diesem Treffen an korrespondieren die beiden miteinander. Es heißt auch, dass sie ein gerahmtes Foto von ihm neben ihrem Bett aufbewahrt.

Die junge Prinzessin Elizabeth will ihre große Liebe heiraten, trotz der Bedenken der Briten wegen Philips deutscher Herkunft. Er stammt aus dem Haus Schleswig-Holstein-Sonderburg-Glücksburg. Er wird auf der Insel Korfu geboren. Als er 18 Monate alt ist, geht seine Familie nach Frankreich ins Exil. Wie Elizabeth ist er ein Ur-Ur-Enkel von Königin Victoria, was sie zu Cousins dritten Grades macht. Während er in seiner Jugend von englischen Verwandten aufgenommen wird, heiraten seine vier Schwestern alle deutsche Prinzen. Drei seiner Schwager treten sogar der NSDAP bei. Viele von Philips neuen Landsleuten sind misstrauisch gegenüber der königlichen Verbindung; wie eine Zeitungsumfrage ergibt, sind 40 Prozent der Leser sogar dagegen. Doch die Liebe und Anziehungskraft zwischen der schönen Prinzessin und dem schneidigen Marineoffizier ist für alle sichtbar. Philip wird als „blonder griechischer Apollo", als „gut aussehend wie ein Filmstar" und sogar als „Wikinger" beschrieben. Tatsächlich haben sich die beiden sogar schon früher kennengelernt – 1934 bei der Hochzeit von Prinz Philips Cousine, Prinzessin Marina von Griechenland und Dänemark, mit dem Herzog von Kent, einem Onkel von Prinzessin Elizabeth.

Nach dem Zweiten Weltkrieg gewährt die englische Marine häufigere Heimaturlaube, sodass sich das verliebte Paar in London treffen kann. Philip Eade, Autor des Buches „Prince Philip: The Turbulent Early Life of the Man Who Married Queen Elizabeth II", schreibt, dass die Gouvernante Marion Crawford beobachtete, wie Philips schwarzer MG-Sportwagen auf dem Vorplatz des Buckingham-Palastes vorfährt und der Prinz „ohne Hut" und „immer in Eile, um Lilibeth zu sehen", herausklettert. Er fügt hinzu, dass „Crawfie" auch verriet, dass Elizabeth beginnt, mehr Aufwand mit ihrem Aussehen zu betreiben und mehrfach hintereinander die Melodie von „People Will Say We're In Love" aus dem Musical „Oklahoma!" zu spielen anfängt. Kumpels von Philip bemerken, dass er an Wochenenden auf dem Land immer einen abgenutzten Lederfotorahmen mit einem Bild von Elizabeth bei sich hat.

Der Prinz macht der 20-Jährigen im September 1946 einen Antrag. Der König, besorgt, dass seine Tochter zu jung sei, besteht darauf, dass das Paar mit der Heirat wartet, bis Elizabeth ihre offiziellen Pflichten mit der königlichen Familie auf einer Reise nach Südafrika erfüllt hat. Die Monate der Trennung ändern nichts an ihren Gefühlen, am 10. Juli 1947 verloben sich Elizabeth und Philip offiziell. Philip hat vielleicht als Kind knausern müssen, aber der Verlobungsring aus Platin, den er seiner Verlobten schenkt, enthält Diamanten aus einem Diadem, das seiner Mutter, Prinzessin Alice von Griechenland, gehört. Es ist ein Geschenk von Zar Nikolaus II. und Zarin Alexandra von Russland, den letzten Romanow-Herrschern, was es zu einem historisch bedeutenden Geschenk und einem wahren Siegel der Liebe macht. ✳

Auch wenn einige königliche Berater meinen, Prinz Philip sei ein Prinz ohne Heimat und Königreich und damit nicht gut genug für sie, steht Prinzessin Elizabeth fest an seiner Seite.

Als eine 13-jährige, erlebnishungrige Prinzessin Elizabeth mit ihren Eltern, Königin Elizabeth und König George VI., und ihrer jüngeren Schwester, Prinzessin Margaret, mit dem Boot am Royal Naval College in Dartmouth (oben) ankommt, erweist sich dies als ein entscheidender Moment. Ihre Eskorte ist der attraktive Marineoffizier Prinz Philip von Griechenland und Dänemark; die Prinzessin lässt ihre Augen nicht mehr von dem 18-jährigen Prinzen – und der Rest ist Geschichte. Rechts: Sechs Tage nach Bekanntgabe der Verlobung tanzt das Paar am 16. Juli 1947 bei einem Ball in den Assembly Rooms in Edinburgh zum ersten Mal in der Öffentlichkeit und stellt seine Liebe zur Schau. Prinz Philips Großvater mütterlicherseits ist Prinz Louis von Battenberg alias Louis Alexander Mountbatten.

Aus „Wir vier" werden fünf, als Prinz Philip in die königliche „Firma" eintritt und das baldige Ehepaar als die neuen „jungen Wilden" der Monarchie in den Mittelpunkt rückt. Hier posieren sie für ein offizielles Porträt, das 1947 im Buckingham-Palast aufgenommen wird und Teil einer Serie von Fotos mit der Familie ist. Dies ist auch der Beginn von Prinzessin Elizabeths zukünftigem Leben mit den Pflichten einer englischen Thronfolgerin. Sie ahnt nicht, dass sie nur wenige Jahre später Königin Elizabeth II. werden und Prinz Philip seine Karriere bei der Marine aufgeben wird, um an ihrer Seite zu sein.

Mann und Frau. Mit strahlenden Augen schreitet Prinzessin Elizabeth mit ihrem gut aussehenden, blonden Prinzen den Gang der Westminster Abbey hinauf. Im Mittelpunkt: das juwelenbesetzte Hochzeitskleid und der wunderschöne Brautstrauß aus Orchideen.

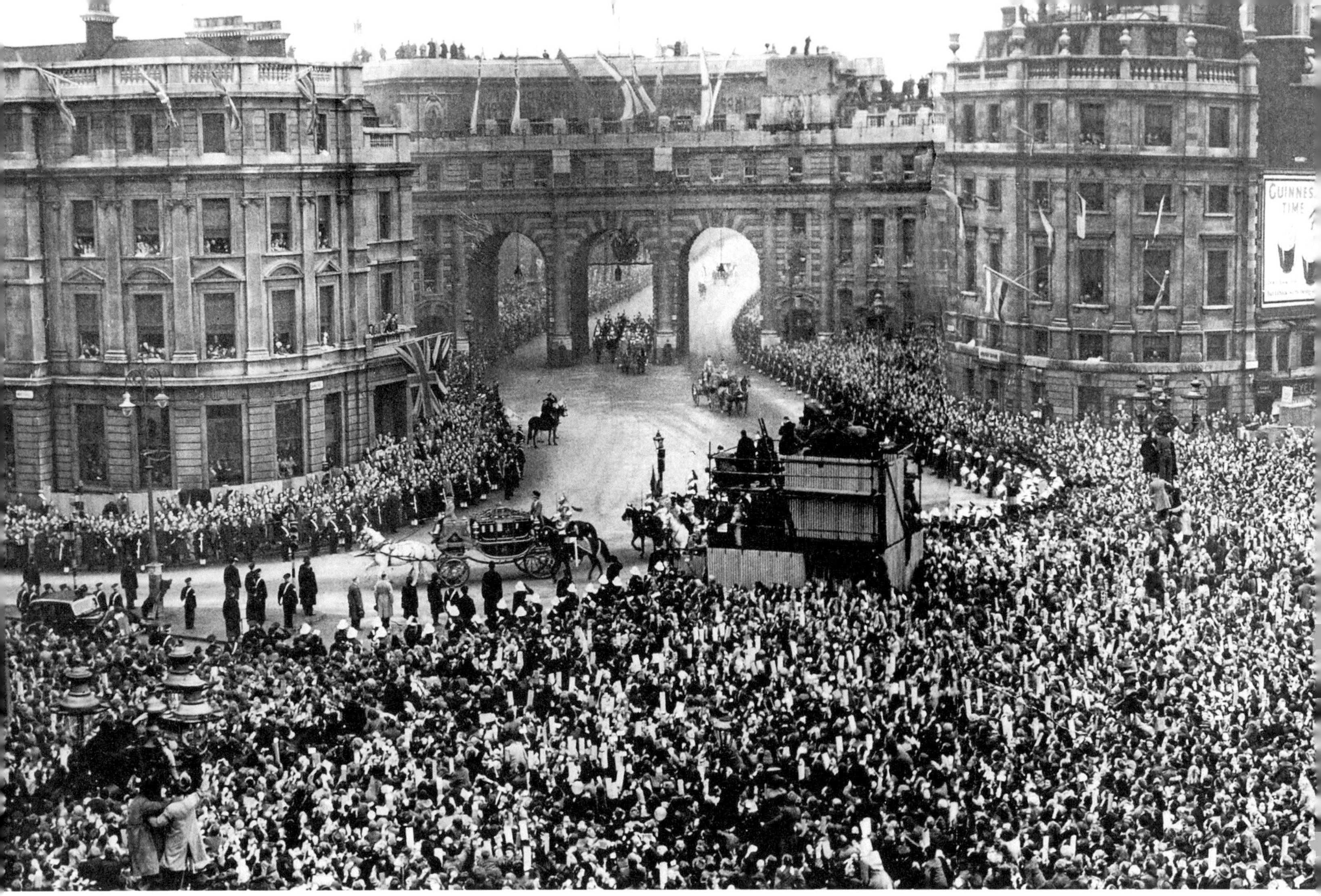

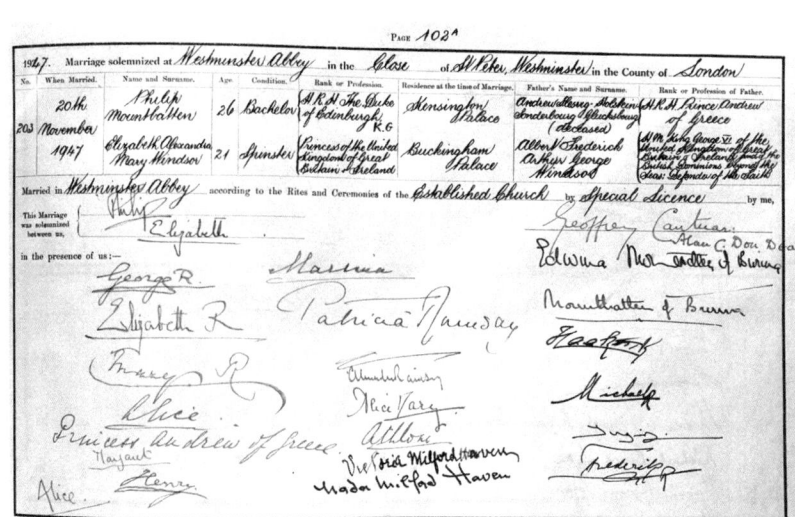

Oben: Prinzessin Elizabeth auf dem Weg zur Hochzeit mit dem Herzog von Edinburgh in der Westminster Abbey. In Begleitung ihres Vaters, König George VI., fährt sie in der irischen Staatskutsche an einer großen Menschenmenge am Trafalgar Square vorbei. Rechts: die Hochzeitsurkunde.

Page 102A

1947. Marriage solemnized at Westminster Abbey in the Close of St Peter, Westminster in the County of London

No.	When Married.	Name and Surname.	Age.	Condition.	Rank or Profession.	Residence at the time of Marriage.	Father's Name and Surname.	Rank or Profession of Father.
203	20th November 1947	Philip Mountbatten	26	Bachelor	H.R.H. The Duke of Edinburgh, K.G.	Kensington Palace	Andrew Schleswig-Holstein-Sonderbourg-Glucksburg (deceased)	H.R.H. Prince Andrew of Greece
		Elizabeth Alexandra Mary Windsor	21	Spinster	Princess of the United Kingdom of Great Britain & Ireland	Buckingham Palace	Albert Frederick Arthur George Windsor	H.M. King George VI of the United Kingdom of Great Britain & Ireland and the British Dominions beyond the Seas: Defender of the Faith

Married in Westminster Abbey according to the Rites and Ceremonies of the Established Church by Special Licence by me,

This Marriage was solemnized between us, Philip Elizabeth

Geoffrey Cantuar:

Alan C. Don Dean

in the presence of us:— George R. Elizabeth R. Mary R.

Edwina Mountbatten of Burma

Mountbatten of Burma

Prinzessin Elizabeth muss, wie jede andere junge englische Braut kurz nach dem Zweiten Weltkrieg auch, Rationierungsmarken für den Stoff ihres Kleides sammeln. Als „Spar-Hochzeit" bezeichnet, gewährt die Regierung 200 zusätzliche Kleidergutscheine für ihr von Sir Norman Hartnell entworfenes Kleid aus elfenbeinfarbener, mit Tausenden Perlen bestickter Seide. Die fast vier Meter lange, sternförmige Brautschleppe ist von einem Botticelli-Gemälde inspiriert. Der Brautschleier aus Tüll wird mit einer Diamant-Tiara gehalten, die 1919 für Queen Mary angefertigt wurde. Auf die Frage einer Zeitung an ihre Leser, ob „der Hochzeitstag der Prinzessin als erster Nachkriegsanlass gewählt werden sollte, um in Großbritannien die traditionelle Fröhlichkeit einer öffentlichen Galaveranstaltung wiederherzustellen", antworten mehr als 86 Prozent mit Ja. So ist es auch das erste Mal, dass Wochenschaukameras in der Westminster Abbey selbst zugelassen werden. Das Faszinierende an dieser königlichen Hochzeit ist, dass sie nicht ohne Pannen verläuft. Niemand kann zum Beispiel die weißen Orchideen und den Myrtenzweig für den Brautstrauß finden, bis sich ein Koch schließlich erinnert, dass er ihn in einen kühlen Raum gestellt hat, um ihn frisch zu halten. Auf dem Weg zur Zeremonie zerbricht das fragile Diamant-Diadem von Prinzessin Elizabeth, aber ihre Mutter, Königin Elizabeth, ruft in aller Ruhe den Hofjuwelier, um es zu reparieren. Und ein doppelter Perlenstrang, den die Prinzessin tragen soll – ein Geschenk ihrer Eltern – ist immer noch bei den Geschenken im St. James's Palace ausgestellt, also wird ihr Privatsekretär losgeschickt, um ihn zu holen. Das „sparsame" Hochzeitsfrühstück besteht übrigens aus einem Auflauf mit nicht rationierten Rebhühnern, dem Filet de Sole Mountbatten als Vorspeise und der Eisbombe Glacée Princess Elizabeth zum Dessert.

Auch in ihrer Weihnachtsbotschaft 1965 betont Königin Elizabeth die Wichtigkeit der Familie: „Ich denke, wir sollten uns daran erinnern, dass trotz aller wissenschaftlichen Fortschritte und großer Verbesserungen in unserem materiellen Wohlstand die Familie der Mittelpunkt unserer Existenz bleibt." Neben allen offiziellen Pflichten ist die Königin eine zupackende Mutter. Und auch für Prinz Philip steht die Familie an erster Stelle: „Ich bin natürlich etwas voreingenommen, aber ich denke, unsere Kinder haben sich alle unter sehr schwierigen und anspruchsvollen Umständen ziemlich gut geschlagen, und ich hoffe, man kann mir verzeihen, wenn ich stolz auf sie bin."

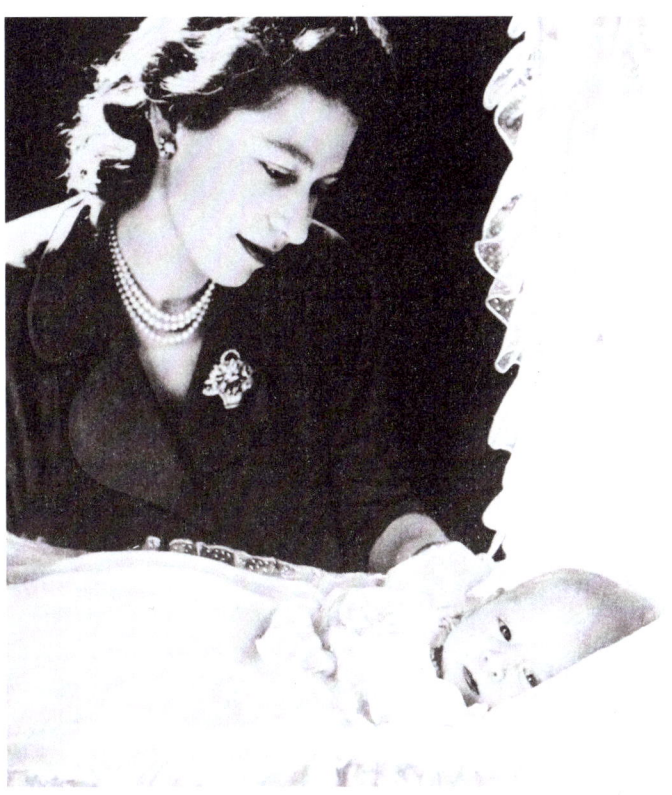

PRINZ CHARLES PHILIP ARTHUR GEORGE
14. NOVEMBER 1948

Ein Jahr nach der Heirat begeistert Prinzessin Elizabeth die Nation mit der Geburt ihres Sohnes. Als er die freudige Nachricht hört, lässt Prinz Philip Champagnerkorken knallen. Menschenmengen füllen unterdes Londons Straßen, und die Springbrunnen am Trafalgar Square sprühen blaues Wasser, um die Ankunft eines königlichen männlichen Erben anzukündigen.

PRINZESSIN ANNE ELIZABETH ALICE LOUISE
15. AUGUST 1950

Als ihre einzige Tochter geboren wird, nimmt das häusliche Leben mit zwei königlichen Kleinkindern seinen Lauf. Doch nur zwei Jahre später ändert sich das gemütliche Familienleben für immer, als der von der Prinzessin so sehr geliebte Vater George VI. stirbt und sie als Königin Elizabeth II. in eine neue Welt katapultiert wird.

PRINZ ANDREW ALBERT CHRISTIAN EDWARD
19. FEBRUAR 1960

Nach ihrer Krönung bezieht die königliche Familie ihren traditionellen Wohnsitz im berühmt-berüchtigten Buckingham Palace. Hier wird Elizabeths drittes Kind geboren. „Ich erinnere mich, dass meine Mutter sich abends im Palast um Edward und mich kümmerte, allein, ganz glücklich. Es war eine richtige Familie… Sie war immer da", erzählt Prinz Andrew.

PRINZ EDWARD ANTONY RICHARD LOUIS
10. MÄRZ 1964

Die Königin ist fast 38, als ihr viertes Kind geboren wird. Die Schwangerschaften der Königin mit Andrew und Edward sind die einzigen Male, in denen die Monarchin nicht an der Staatseröffnung des Parlaments teilnimmt. Obwohl sie für eine außerordentliche Arbeitsmoral bekannt ist, steht bei den letzten beiden Kindern die Mutterschaft definitiv an erster Stelle.

Oben links: In der Übergangszeit zwischen Thronbesteigung und ihrer Krönung im folgenden Jahr verbringt Königin Elizabeth II. im September 1952 einige kostbare Zeit beim Spielen mit ihren Kindern Charles und Anne auf Balmoral. Die beiden scheinen gerade einen Geheimeingang zum Schloss entdeckt zu haben. Nur das Rein- und Rausklettern müssen sie noch ein wenig üben... Oben rechts: Eine entzückte Elizabeth gibt Sohn Charles 1952 auf dem Gelände von Schloss Balmoral in Schottland einen ersten Vorgeschmack auf das Fahren von Oldtimern, das zu einer seiner späteren großen Leidenschaft werden soll. Links: Auf einem seltenen Foto fährt eine strahlende Prinzessin Elizabeth ihre Kinder nach Windsor, sehr zur Freude der sich schnell einfindenden Menschenmenge und natürlich von Charles und Anne.

Ein Schnappschuss der Royals aus der historischen BBC-TV-Realityshow „Royal Family", die 1969 einen äußerst seltenen Einblick in ihr Privatleben bietet. Insbesondere Philip, Duke of Edinburgh, will der Öffentlichkeit zeigen, dass die Mitglieder der Königsfamilie „normale, hart arbeitende Leute" seien. Die Produktion ist das einzige Dokument, das die königliche Familie so nah und intim zeigt. Fast ein Jahr lang wird die Familie an allen möglichen Orten gefilmt – in ihrem Privatjet, zu Hause, beim Kochen, auf einem Barbecue und sogar am Esstisch. Seit der Erstausstrahlung bleibt der Dokumentarfilm jedoch weitgehend unter Verschluss – angeblich weil die Königin besorgt ist, ihre Familie mache darin einen zu gewöhnlichen Eindruck. Elizabeth II. ist im Besitz des Copyrights und gewährt nur wenigen Personen zu wissenschaftlichen Zwecken Zugang zum Filmmaterial. Kurze Ausschnitte werden erstmals im Jahr 2011 zum 90. Geburtstag des Duke of Edinburgh freigegeben, ebenso 2012 zum diamantenen Thronjubiläum von Elizabeth II.

*Als Mädchen liebt Prinzessin Elizabeth das Tanzen,
besonders den schottischen Country-Tanz. Hier, als
verheiratete Frau, genießt sie die Gelegenheit, mit ihrem
Ehemann bei einem Squaredance in Ottawa, Kanada, zu
tanzen, den der Generalgouverneur Viscount Alexander
im Oktober 1951 zu ihren Ehren veranstaltete.*

Im Jahr 2007 feiert das Paar seine diamantene Hochzeit in einer Zeremonie in der Westminster Abbey, bei der Dame Judi Dench ein Gedicht vorliest, das der Poet Laureate Andrew Motion für diesen Anlass geschrieben hat. Darin heißt es: „Die Liebe fand eine Stimme und sprach laut zwei Namen …" Oben links: Prinz Philip 1955 als Kapitän des Windsor-Park-Teams, nachdem sein Team Indien während des Ascot-Wochen-Poloturniers besiegt hat. Den Pokal überreicht Queen Elizabeth II. Oben rechts: Das Ehepaar plaudert über das Programm der Royal Windsor Horse Show 1982 auf dem Gelände von Schloss Windsor. Unten links: Königin Elizabeth II. und Prinz Philip, Herzog von Edinburgh, bewundern eine selbst gemachte Karte, die ihnen ihre Urenkel Prinz George, Prinzessin Charlotte und Prinz Louis zu ihrem 73. Hochzeitstag am 20. November 2020 bastelten.

DER TAG, DER ALLES VERÄNDERT

Seit 1066 ist Westminster Abbey Schauplatz
jeder Krönung. Auch Prinzessin Elizabeth
wird hier in einer unvergesslichen Zeremonie
zur Königin Englands gekrönt

Das Leben im engsten Familienkreis ändert sich für Prinzessin Elizabeth, Prinz Philip, Prinz Charles und Prinzessin Anne am 6. Februar 1952, als König George VI. im Alter von 56 Jahren stirbt. Die Thronbesteigung von Königin Elizabeth II. im Alter von 25 Jahren beendet die Marinekarriere ihres Mannes und macht Prinz Charles zum ersten königlichen Erben, der vor Ort miterlebt, wie seine Mutter als Herrscherin gekrönt wird. Prinzessin Anne wird als zu jung erachtet, um dabei zu sein, und beobachtet die Prozession von einem Fenster des Buckingham Palace aus.

Philip und Elizabeth erfahren die Nachricht vom Tod des Königs, während sie in Kenia auf einer Reise weilen, die sie auch noch nach Australien und Neuseeland führen soll.

Die Krönung findet dann ein Jahr nach der Thronbesteigung statt (wie fast alle Krönungen zuvor), einerseits wegen der Zeit, die für die Planung der Zeremonie benötigt wird, andererseits wäre eine Feier so kurz nach dem Tod des Königs unangemessen gewesen.

Sir Winston Churchill gehört zu den politischen Persönlichkeiten, die dagegen sind, die Krönung im Fernsehen zu übertragen. Doch Prinz Philip befürwortet die Krönung als eine neue und wichtige Möglichkeit, mit dem Volk in Kontakt zu treten, und überzeugt seine Frau, die ihren Premierminister überstimmt. So kann zum ersten Mal in der Geschichte die altehrwürdige Zeremonie mit all ihrem glorreichen Pomp live im Fernsehen gesehen und im Radio gehört werden. Millionen von Briten legen sich erstmals ein Fernsehgerät zu, was zu einem Boom der Popularität des kleinen Bildschirms als Massenunterhaltung führt.

Das Datum für die Krönung der Königin – der 2. Juni 1953 – wird auf Anraten von Meteorologen gewählt, die meinten, dass dieser Tag statistisch gesehen das beste Wetter habe. Natürlich werden sie eines Besseren belehrt, und es regnet – ganz im britischen Stil –, aber die Show geht natürlich weiter. Das Krönungskleid der Königin wird von Norman Hartnell entworfen, auf Wunsch Ihrer Majestät werden zusätzlich zu den nationalen Emblemen von England, Schottland, Wales und Nordirland auch die der Dominions, deren Königin sie nun ist, hinzugefügt, einschließlich der australischen Flagge. Die Details des Kleides bleiben geheim, ein Polizist bewacht sogar die Tür des Raumes, in dem das Kleid von der Royal School of Needlework genäht wird. Die Schule beschließt, dass jeder, der mit ihr zu tun hat (einschließlich der Reinigungskräfte), einen Stich auf das Kleid nähen darf.

Die Königin wählt dieselbe Krone, die ihrem Vater 16 Jahre zuvor aufgesetzt worden war. Die Imperial State Crown wiegt 1,28 Kilogramm, besteht aus 2868 Diamanten, 17 Saphiren, elf Smaragden, Rubinen und ist mit Hunderten von Perlen besetzt. Im Vorfeld des Ereignisses probt Elizabeth mit ihren Zofen im Buckingham Palace, wobei sie Laken benutzen, die die Krönungsroben darstellen sollen. Als sich dann die Monarchin und ihre sechs Krönungsmädchen auf die dreistündige Zeremonie vorbereiten, soll die Königin gefragt haben: „Ready, girls?", bevor sie sich auf den Weg macht. Alle Hausmädchen, Köche und Gärtner des Palastes versammeln sich in der Grand Hall, um ihre neue Königin nach Westminster Abbey abfahren zu sehen. Bei ihrer Rückkehr in den Palast und für ihr offizielles Porträt trägt die Königin dann die kaiserliche Staatskrone, die vier Perlen enthält, von denen traditionell angenommen wird, dass sie die Ohrringe von Königin Elizabeth I. waren. *

Die Königin trägt die kaiserliche Staatskrone, die für die Krönung von Königin Victoria 1838 geschaffen und traditionell von neuen Monarchen auf dem Rückweg von der Abbey getragen wird.

„Als uns der Tod des Königs verkündet wurde, schlug in unserem Leben ein tiefer und feierlicher Ton an, der, während er weithin erschallte, das Getöse und den Verkehr des zwanzigsten Jahrhunderts in vielen Ländern zum Schweigen brachte ... Der König wurde von allen seinen Völkern sehr geliebt ... Wir dachten an ihn als jungen Marineleutnant ... Wir dachten an ihn, als er ruhig, ohne Ehrgeiz und ohne Mangel an Selbstvertrauen die schwere Last der Krone auf sich nahm und seinem Bruder, den er liebte, folgte ... All dies sahen und bewunderten wir, und sein Verhalten auf dem Thron mag für konstitutionelle Souveräne in der ganzen Welt und in zukünftigen Generationen ein Vorbild sein." (Ein kleiner Auszug aus der Grabrede des britischen Premierministers Winston Churchill für König George VI.)

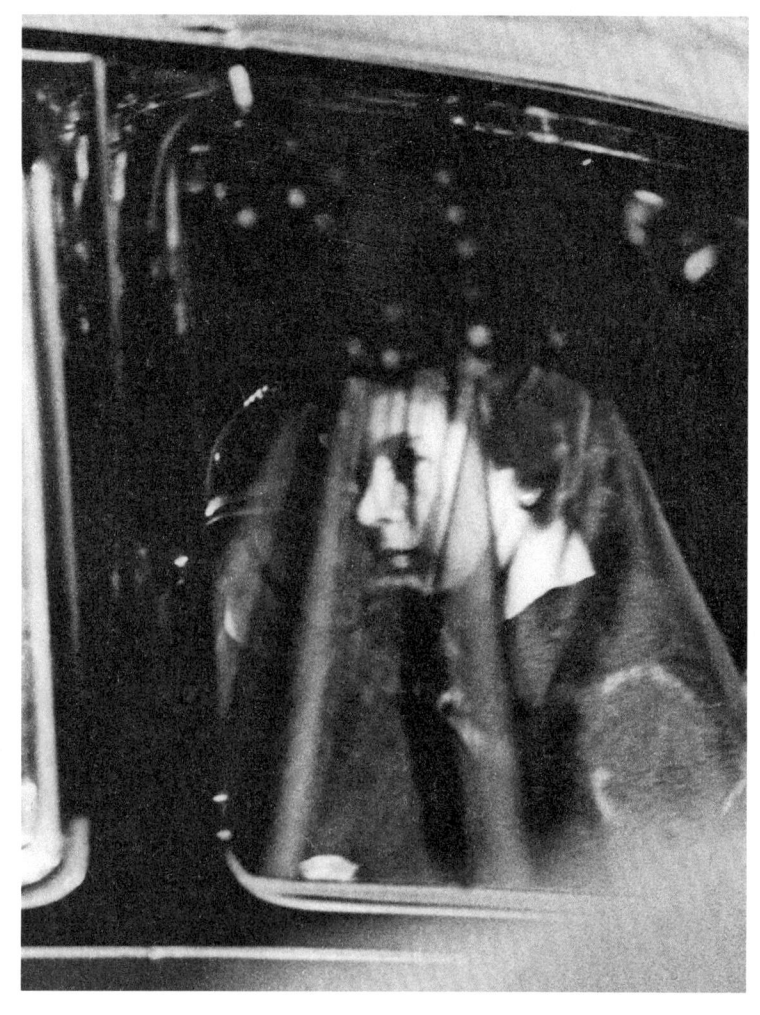

Am 11. Februar 1952 wird George VI. in einem langen Trauerzug zur Aufbahrung in der Londoner Westminster Hall überführt. Am 15. Februar wird dann der Sarg zu einem Gottesdienst in die Westminster Abbey und zur Beisetzung in die St. George's Chapel in Windsor gebracht. Um 14 Uhr kommt das gesamte Commonwealth mit einem zweiminütigen schweigenden Gedenken zum Stillstand.

Auch wenn die Menschen lange darüber trauern, dass sie ihren 56-jährigen König so jung verloren haben, muss das Geschäft der Monarchie weitergehen. Ganz nach dem Motto: Der König ist tot. Es lebe die Königin! An einem verregneten 2. Juni 1953 wird Prinzessin Elizabeth in der Westminster Abbey als Souverän des Vereinigten Königreichs, Kanadas, Australiens, Neuseelands, Südafrikas, Pakistans und Ceylons gekrönt. Trotz des Wetters übernachten viele Menschen entlang der Strecke im Freien. Nach der Feierlichkeit der Beerdigung des Königs ist dies eine Chance für das britische Volk, wieder zu feiern. Die Zeremonie wird live im Radio und Fernsehen in die ganze Welt übertragen. Um die 27 Millionen Menschen in Großbritannien verfolgen die Zeremonie im Fernsehen, und eine Million hört sie im Radio. (Die Einwohnerzahl Großbritanniens beträgt zu dieser Zeit etwas mehr als 50 Millionen.) Rechts: Ihre Majestät wird in der goldenen Staatskutsche vom Buckingham-Palast zur Westminster Abbey gefahren, von acht grauen Wallachen durch die mit Hunderttausenden von Gratulanten gefüllten Straßen gezogen.

Oben: Die Vorbereitungszeit für die aufwendige Veranstaltung, an der etwa 8000 Gäste aus dem gesamten Commonwealth teilnehmen, beträgt 16 Monate.

Rechts: In stundenlanger, mühevoller Arbeit wird jedes Gewand für die Zeremonie gefertigt. Der britische Modeschöpfer und Hoflieferant Norman Hartnell wird von der Königin beauftragt, ihre Robe und die Outfits für alle Mitglieder der königlichen Familie zu entwerfen. Hartnell kreiert für sie ein Kleid aus weißer Seide, bestickt mit den floralen Emblemen der Länder des Commonwealth: die Tudor-Rose für England, die schottische Distel, der walisische Lauch, das Kleeblatt für Nordirland, das Ahornblatt für Kanada, das Flechtwerk für Australien, der neuseeländische Silberfarn, die Protea für Südafrika, zwei Lotusblumen für Indien und Ceylon sowie Weizen, Baumwolle und Jute für Pakistan. Was die Königin allerdings nicht weiß, ist, dass Hartnell als Glücksbringer auf die linke Seite des Kleides ein vierblättriges Kleeblatt gestickt hat. Über dem Kleid trägt die Königin einen 5,5 Meter langen handgewebten Seidensamtmantel, der mit kanadischem Hermelin gefüttert ist. Der Herzog von Edinburgh trägt eine komplette Marineuniform und ein Krönchen sowie seine „Duke's Robe" über seiner Uniform.

Die Staatseröffnung des Parlaments ist eine Veranstaltung, die den Beginn einer Sitzungsperiode des Parlaments des Vereinigten Königreichs formell markiert. Sie beinhaltet eine Rede vom Thron, die als „Queen's Speech" (oder „King's Speech") bekannt ist und im Fernsehen – wie hier im Jahre 1970 – übertragen wird.

„DIE QUEEN ERSCHÜTTERT SO ETWAS NICHT"

Sie ist weder Glamour-Queen noch böse Königin: Konsequent hat Elizabeth II. in der Öffentlichkeit sämtliche Stereotypen vermieden und über die Jahre ihr ganz eigenes Image aufgebaut. Kaum jemand kennt dieses so genau wie die österreichische Journalistin und Adelsexpertin Lisbeth Bischoff, die seit Jahrzehnten ganz dicht an den Royals dran ist

Interview: Gini Brenner

Was macht die Queen eigentlich den ganzen Tag in ihrem Palast? Warum trägt sie manchmal Blitzblau, aber nie Beige und warum muss sie während ihrer Geburtstagsfeier nie aufs WC? Was wir von der britischen Königin erfahren, wird vom Palast genau gesteuert – nur manchmal dringen persönliche Details aus dem Buckingham Palace oder Schloss Balmoral durch die engen Maschen der königlichen Message Control. Gerade deshalb ist es so spannend, wenn Serien wie „The Crown" versuchen, auch die menschliche Seite der Royals zu zeigen. Aber wie viel von den kleinen Details und großen Gefühlen entsprechen der Wahrheit und was haben Drehbuchautor Peter Morgan und sein Team dazuerfunden?

Fragen, mit denen Lisbeth Bischoff täglich konfrontiert ist: Sie ist eine der führenden Experten für Europas Adelshäuser, hat schon mehrere Bücher zum Thema geschrieben und ist eine Institution im österreichischen Fernsehen. Ihrer Initiative ist es etwa zu verdanken, dass der ORF jedes Jahr live „Trooping the Colour" überträgt, die in den Sommer verschobene Geburtstagsfeier der Queen – ein TV-Event, das sich im monarchieverliebten Ex-Habsburger-Land nach wie vor höchster Beliebtheit erfreut, es ist ein Fernseh-Fixpunkt, ähnlich dem Neujahrskonzert. Natürlich hat Bischoff auch „The Crown" mit größtem Interesse angesehen. Ihr Urteil: „Eine Seifenoper – aber eine sehr, sehr gut gemachte!"

Frau Bischoff, was ist Ihr Expertenurteil über „The Crown"? Wie akkurat wird die Queen da beschrieben?
Es ist natürlich eine Seifenoper, bei der vieles nicht der Wahrheit entspricht, sondern einfach nur gut erzählt ist. Fakten und Fiktion sind bunt gemischt. Aber die Serie ist wirklich sehr gut gemacht.

Obwohl – wenn man die echten News aus dem Palast verfolgt, dann fühlt sich das oft auch durchaus recht „seifenopernhaft" an, oder?

Stimmt, aber für die Serie wurden viele Tatsachen aufgebauscht und sind nicht authentisch dargestellt. Und es wird auch vieles beschönigt.

Was sind für Sie die krassesten Unterschiede zur Realität?
Da gibt es einige – historisch stimmt es etwa überhaupt nicht, dass ihr Onkel, der abgedankte König Edward VIII., mit Winston Churchill beim gemeinsamen Essen ausgemacht hat, dass Elizabeth nicht den Namen ihres Mannes annimmt. In Wahrheit hat schon ihr Großvater König George V. aus der Dynastie Sachsen-Coburg-Gotha im Ersten Weltkrieg seinen Namen – wegen der damals vorherrschenden Deutschfeindlichkeit – nach dem Stammschloss Windsor geändert. Und es war Elizabeth's eigene Entscheidung, dass ihre Kinder nicht Philips Familiennamen tragen, sondern den der Windsors.

Apropos Philip: Stimmt es wirklich, dass die Ehe eher „unruhig" war? Dass Philip kein Kind von Traurigkeit war, ist kein Geheimnis – aber in der Serie wurde auch eine Affäre Elizabeth's angedeutet, und zwar mit ihrem Stallmeister.
Als 1960 Andrew als drittes Kind von Elizabeth und Philip geboren wurde, gab es tatsächlich von Anfang an Gerüchte, dass der königliche Stallmeister Lord Porchester sein wahrer Vater sei. In den 90er-Jahren hat dann sogar der britische Klatschpresse-Journalist Nigel Dempster „aufgedeckt", dass diese Gerüchte der Wahrheit entsprächen. Das Spannende: Offiziell gab es nie ein ausgesprochenes Dementi. Der frühere Pressesprecher der Queen zeigte sich zwar „entrüstet" über die Behauptungen, sprach aber dezidiert über „eine tiefe Freundschaft zwischen Ihrer Majestät und Lord Porchester, genannt ‚Porchie'."

Hat nicht Prinz Philip selbst das Thema auch kommentiert?
Ja, in seiner unnachahmlichen Art: „Die Queen ist nur an Sachen interessiert, die vier Beine haben." Aber sein Urteilsvermögen ist ja durchaus umstritten. *(lacht)*

Wie authentisch ist die Darstellung von Elizabeth's Beziehung zu Diana? In der Serie wird sie ja als etwas distanziert, aber durchaus freundschaftlich dargestellt.

Der erste Besuch von Diana auf Schloss Balmoral ist jedenfalls sicher nicht so harmonisch wie in der Serie abgelaufen. Im Buch „Diana: Her True Story" hat die Prinzessin den Aufenthalt selbst geschildert: Balmoral mache ihr Angst, erzählte sie, es herrsche dort eine extrem negative Atmosphäre. Allerdings verstand sich Diana sehr gut mit ihrem Schwager Andrew und der Schwester der Queen, Prinzessin Margaret.

Stimmt es, dass Charles seiner Frau die mediale Beliebtheit missgönnt hat?

Ja, das habe ich sogar selber miterlebt. In der Serie sieht man, wie Charles bei einer Reise nach Australien und Neuseeland eifersüchtig reagiert. Ich selbst habe das bei einem Besuch in Wien mitbekommen: Der frühere BBC-Reporter Michael Cole hat mir erzählt, dass die beiden beim Stadtspaziergang auf verschiedenen Seiten der Straße gegangen sind! Und Charles war wütend, dass die Leute immer „Diana, Diana!!!" gerufen haben. Er war tatsächlich eifersüchtig auf ihre Beliebtheit.

Sie selber haben dann Charles mit Camilla besser kennengelernt, oder?

Ja, zuletzt bei ihrem Besuch 2017 in Wien, da wurde ich vom britischen Königshaus dazu auserkoren, sie über die vier Tage journalistisch zu betreuen. Das war natürlich sehr spannend, wie man sich vorstellen kann!

Wie ist Charles so, persönlich?

Der hat einen total guten Humor – auch die Camilla. Die ist super. Sie wurde ja in den Medien immer als die Böse dargestellt, der „Rottweiler", wie Diana sie genannt hat – aber das stimmt einfach nicht. Sie ist ja immer schon extrem gut bei Männern angekommen, weil sie einen sehr herben, aber sehr lustigen Humor hat.

Die Queen selber kann ja auch recht witzig sein, oder?

Ja, auf jeden Fall! Zum Beispiel kann sie alle Premierminister, die sie je getroffen hat – und das sind ja eine ganze Menge –, perfekt imitieren. Sie hat ein großartiges Talent dafür. Leider macht sie das natürlich nie in der Öffentlichkeit – ich weiß das von ihrem Butler, um ehrlich zu sein.

Haben Sie die Queen schon persönlich kennengelernt?

Ich habe sie bei der Hochzeit von Charles und Camilla getroffen. Interviews gibt sie ja prinzipiell keine.

Queen Elizabeth ist eigentlich eine der letzten Monarchinnen weltweit aus der „alten" Generation.

Ja, auf jeden Fall. So jemanden wie sie wird es auch nie wieder geben – sie ist etwas ganz Besonderes. Elizabeth wurde ja nicht als Thronfolgerin geboren, sondern ist es erst geworden, als ihr Onkel abgedankt hat; dann ist ihr Vater nachgerückt, somit war sie dann Kronprinzessin. Und bei der Krönung hat

Lisbeth Bischoff

Geboren 1955 in Hohenems, Vorarlberg, Österreich. Seit 1972 beim österreichischen Fernsehen ORF, zuständig für Events wie die Übertragung des Opernballs und zahlreiche königliche Hochzeiten. Vor Kurzem erschien ihr neuestes Buch „Frauen für die Krone – Eine neue Generation auf den Thronen Europas", Amalthea Verlag, 256 S., 25 €.

sie gesagt: „Ich werde dienen, ein Leben lang!" Und das ist genau das, wonach sie lebt. Es gibt ja noch ein weiteres, interessantes, aber weniger bekanntes Zitat von ihr: „Man kann viel bewirken, wenn man richtig zum Monarchen erzogen worden ist. Und ich hoffe, dass ich richtig erzogen worden bin."

Kann sie denn etwas bewirken?

Sie darf sich ja auch nicht offiziell in die Politik einmischen. Wir wissen natürlich nicht, was sie hinter den Kulissen tut. Allerdings macht sie es unterschwellig – so wie damals, als sie bei der Parlamentseröffnung 2017, die erste nach dem Brexit-Referendum, statt des üblichen Ornats mit Krone das berühmte Kleid in Europa-Farben mit einem Hut mit Europa-Sternen getragen hat und dann den ganzen Abend mit steinerner Miene dagesessen ist.

Ihr Look ist ja generell eine Geschichte für sich …

Ja, das stimmt. Die Queen ist ja relativ klein. Aber sie muss gesehen werden, deshalb hat sie immer bunte Kleider an. Und sie trägt immer Hüte, um Aufmerksamkeit zu erregen – aber die Krempe darf auf keinen Fall zu groß sein, sonst sieht man bei ihrer Größe das Gesicht nicht mehr! Ihre Kleidung ist sicher nicht jedermanns Sache, aber sie ist immer sehr elegant gekleidet. Sie hat auch einmal gesagt, in der Öffentlichkeit würde sie nie Beige tragen, das wäre zu wenig auffällig.

Die Mode alleine ist es aber nicht. Was macht Ihrer Meinung nach die Einzigartigkeit der Queen aus?

Sie ist wie ein adeliges Denkmal. Wissen Sie, was ihre Besonderheit ist? Der Mensch liebt Kontinuität. Und wenn es heißt: „Die Queen kommt", dann weiß man immer genau, was zu erwarten ist. Sie ist immer bunt gekleidet, trägt immer dieselbe Frisur, sie bewegt sich immer gleich, sie ist immer freundlich. Sie ist eine Konstante, man weiß, was man hat. Das ist ihr ganz großer Vorteil in unserer schnelllebigen Zeit. Und keiner weiß, was passiert, wenn sie einmal nicht mehr sein wird. Viele befürchten, dass dann alles zerbröselt.

Sie hält also das Königshaus zusammen, könnte man sagen …

Ja, das ist ihre Mission. Zuerst kommt die Monarchie, dann kommt lange nichts, dann kommen ihre Pferde, dann ihre Kinder und dann irgendwann kam ihr Ehemann. Sie entscheidet sich immer für die Monarchie, und alles, was die Monarchie gefährdet, lehnt sie vehement ab. Das hat man jetzt gesehen beim „Megxit" und auch bei Andrew, dem sie sofort das Geld gestrichen hat, als seine Bekanntschaft mit dem Sexualstraftäter Jeffrey Epstein bekannt und zum Skandal wurde.

Wurde das denn offiziell bekannt gegeben?

Ja, aber natürlich nur extrem verschlüsselt. Es wurde nur bekannt gegeben, dass das Königshaus ihm gegenüber keine Verpflichtungen mehr hat und dass man ihm die Apanage streiche. Das musste man öffentlich machen, sonst hätte die Öffentlichkeit protestiert, aber mehr Information gab es dazu nicht. Aber die Message war sonnenklar.

Oben: Diana im Mai 1982, hochschwanger mit Prinz William, und Königin Elizabeth scheinen sich am Rande des Polospiels im Guards Polo Club nicht allzu viel zu sagen zu haben. Unten: Die Queen outet sich als Europa-Fan und das noch nicht mal besonders subtil. Statt wie üblich im großen Aufputz mit Staatsrobe und Krone erscheint sie 2017 nach dem Brexit-Referendum zur Parlamentseröffnung im himmelblauen Europa-Kostüm.

„Wir können alle ein Leben im Dienste der Allgemeinheit leben. Das ist universell", lassen Harry und Meghan verkünden, nachdem die Queen sie von all ihren Pflichten entbunden hat. Hier sind die beiden zu sehen, wie sie im Februar 2019 in Casablanca, Marokko, am Flughafen ankommen.

So wie bei Prinz Harry und Meghan?
Genau. Die Message, die offiziell rausging, war meisterhaft verklausuliert: „Die Schirmherrschaften und alle militärischen Ehrentitel werden an ihre Königliche Majestät zurückgegeben, bevor sie an die arbeitenden Mitglieder der königlichen Familie verteilt werden." Ihm alle Titel zu entziehen, das ist Klartext. Wenn auch unausgesprochen, ein klarer Hinauswurf. Der totale Bruch mit dem Königshaus.

Was ist der Grund für Meghans Hass auf das Königshaus?
Ich denke, dass sie einfach frustriert ist, dass sie und Harry nicht so wichtig sind wie Kate und William. Bei der Geburtstagsparade der Queen beispielsweise, bei der sich immer die ganze Familie auf dem Balkon versammelt und winkt, steht sie mit Harry in der zweiten Reihe, Kate und William stehen in der ersten. Ich habe das bei der Übertragung 2019 selbst gesehen, wie sie sich zu Harry dreht und er sie schroff zurechtweist, sie soll nach vorn schauen. Was sie aber nicht tat – die Reaktion der Queen im Jahr darauf: Harry und Meghan waren überhaupt nicht mehr im Bild ...

„Blaublütige" leben in Luxus. Aber können sie diesen auch genießen? Die vielen Repräsentationsverpflichtungen, Paparazzi ...
Doch, doch, sie können ihr Leben ganz sicher genießen. Sie sind ja von klein auf Luxus gewöhnt und haben auch Orte, wo sie ungestört sein können. Natürlich ist die mediale Belastung groß, aber die Adeligen wissen durchaus, dass sie die Medien brauchen, weil sie sonst in der Bedeutungslosigkeit verschwinden würden.

Was macht das Leben und Sterben der Adeligen so interessant für Normalsterbliche?
Ich glaube, die Leute brauchen etwas, woran sie sich orientieren können. Und da eignen sich Adelige eben gut. Die Motivforscherin Helene Karmasin spricht in diesem Zusammenhang von „adeligen Denkmälern", wie es zum Beispiel die britische Königin Elizabeth ist. Seit ich denken kann, hat sie dieselbe Frisur. Auf sie ist Verlass. Außerdem eignet sich die oberflächliche Glanzwelt der Royals hervorragend zur Ablenkung in einer Welt von Naturkatastrophen und Hungersnöten.

Wie viel bekommen Sie mit vom Privatleben der Queen?
Ein bisschen. Es ist schon eine ganz eigene Welt im Palast. Ich werde zum Beispiel oft gefragt, wie die Queen bei öffentlichen Events stundenlang sitzen kann, ohne dass sie aufs Klo muss. Die ist ja doch schon über neunzig! Aber wissen Sie, wie sie als Kind erzogen wurde? Je länger sie nicht aufs Klo gegangen ist, desto mehr Kekse hat sie nachher zur Belohnung bekommen.

Apropos stilles Örtchen: Es ist ja sogar sprichwörtlich der einzige Ort, wo sogar Kaiser und König alleine hingehen. Ist das bei der Queen auch so?
Ja, schon. Solange sie noch konnte. *(lacht)* Obwohl sonst im Palast wirklich überall Butler herumstehen. Es ist ja für unsereins schwierig, sich das vorzustellen, aber echte Privatsphäre gibt es für die Queen wirklich kaum.

Es ist spannend, wie sehr das Bild der Royals nur durch ihre Inszenierung bestimmt wird.
Und das machen sie auch sehr professionell. Blicke hinter

diese Kulisse sind sehr selten, auch für unsereins. Wir sehen, wenn sie im Buckingham-Palast am Balkon stehen, lächeln und winken – wenn sie dann reingehen, wissen wir nicht, ob dort die Fetzen fliegen. Allerdings: Diese Pressestellen, die das mittlerweile steuern, hat es bis zu Diana eigentlich gar nicht gegeben. Das gab es nicht, das hatte man nicht nötig. Aber nach Dianas Tod, wo es mit Spekulationen von Seiten der Medien ja wirklich wild zuging, hat man begriffen, dass man über eine Pressestelle gezielt Informationen verbreiten kann. Und seither gibt es im britischen Königshaus eine Pressestelle.

Und wie war das vorher?
Gar nicht. Da wurde kaum etwas mitgeteilt. Man hat natürlich Leute gekannt mit gutem Kontakt zum Königshaus, die einem solche Dinge quasi unter der Hand erzählt haben, aber es gab keine offizielle Anlaufstelle.

Wie bekommt man dann einen Einblick in die Adelshäuser von heute?
Das Zauberwort ist „Recherche". Wenn einen etwas interessiert, dann beschäftigt man sich ja automatisch damit und sammelt Wissen und Kontakte. Viele Leute glauben ja, dass ich diese bunten Blätter lese und meine Informationen da heraus habe, das stimmt natürlich überhaupt nicht, und das will ich auch nicht. Aber inzwischen, das ist der Vorteil meines Alters, habe ich sehr gute Kontakte zu allen Königshäusern aufgebaut. Ich kenne die Leute, die bei den Pressestellen arbeiten, und bekomme Auskünfte und Material und werde auf dem Laufenden gehalten.

Wie wird man Adelsexpertin?
Bei mir war es das große Interesse an Geschichte generell und natürlich auch am Adel, der ja zur Geschichte dazugehört. Und dann war es auch so, dass mir die aktuelle Geschichte in die Hand gespielt hat, weil genau zur richtigen Zeit alle Kronprinzen und Kronprinzessinnen in Europa geheiratet haben – in Schweden, Dänemark, Spanien, Holland ... Alle haben geheiratet. Ich war damals Journalistin beim ORF und habe vorgeschlagen, wir könnten doch die Hochzeiten im Fernsehen übertragen. Und das war ein ganz großer Quotenerfolg. So hat sich das immer mehr entwickelt, sicher auch durch mein Zutun, weil ich ein großes Interesse daran hatte, dass das weitergeführt wird. Und einige Jahre später haben die Leute auf einmal „Adelsexpertin" zu mir gesagt. Ich persönlich stehe nicht besonders auf diese Bezeichnung, aber ich habe halt keine andere. *(lacht)* Aber eigentlich bin ich Journalistin und interessiere mich besonders für den Adel.

Was war das spannendste Event, das Sie gecovert haben?
Gute Frage – aber wahrscheinlich doch die Hochzeit von Charles und Camilla. Es war wunderschön, auch wenn es wirklich harte Arbeit für mich war. Die Hochzeit fand ja im Schloss Windsor statt. Und sobald der Termin bekannt war, waren binnen Sekunden entlang der Straße sämtliche Fensterfronten an die Medien vermietet, damit die Kameras einen guten Blick auf das Schloss bekommen. Der Raum, den wir dann noch bekommen haben, war ein Badezimmer. Die Sicht war ganz wunderbar, aber während der Übertragung bin ich die ganze Zeit auf einem Klodeckel gestanden und habe kommentiert, damit man hinter mir durch das Badezimmerfenster das Schloss sehen konnte. *

> „Aber wissen Sie, wie sie als Kind erzogen wurde? Je länger sie nicht aufs Klo gegangen ist, desto mehr Kekse hat sie nachher zur Belohnung bekommen"

TIME TO SAY GOODBYE

Die Bilder der weltweiten Trauer um den Unfalltod von Lady Di haben sich in das kollektive Gedächtnis eingebrannt, für die Queen aber nicht weniger schmerzhaft ist der Verlust der geliebten Mutter und ihrer Schwester, mit der sie zeitlebens ein sehr enges Verhältnis hat

2002 ist ein sehr trauriges Jahr für Königin Elizabeth II., die innerhalb von sieben Wochen sowohl ihre geliebte Schwester als auch ihre Mutter verliert. Prinzessin Margaret ist gerade 71 Jahre alt, als sie nach einer Reihe von sie immer stärker schwächenden Schlaganfällen stirbt. Die temperamentvolle und lebenslustige Prinzessin macht in ihren letzten Jahren eine traurige Figur, sie ist an einen Rollstuhl gefesselt und versteckt sich hinter einer dunklen Brille. Margaret stirbt in einem Londoner Krankenhaus und wird in der St. George's Chapel in Windsor privat beigesetzt.

Die Königinmutter wird dagegen über 100 Jahre alt und schläft mit 101 in der Royal Lodge in Windsor friedlich ein. Obwohl ihr Tod nicht unerwartet kommt, ist es für die Königin eine Zeit immensen Herzschmerzes, zwei ihrer engsten Familienmitglieder zu verlieren. Die Königinmutter wird am 9. April feierlich beigesetzt. Ihr Leichnam liegt in den Tagen vor der Beerdigung in der Westminster Hall aufgebahrt – ebenso wie der Leichnam ihres verstorbenen Mannes, des Vaters der Königin Elizabeth II., König George VI. 50 Jahre zuvor. Seine vier Enkelsöhne – die Prinzen Charles, Andrew und Edward sowie Viscount Linley – gehören zu denen, die den Sarg bewachen.

Als Diana, Prinzessin von Wales, am 31. August 1997 auf so tragische Weise ums Leben kommt, zieht sich die königliche Familie in ihr schottisches Schloss Balmoral zurück, um dort in aller Stille zu trauern. Die Queen schottet, in ihrer großen Besorgnis um die seelische Gesundheit ihrer Enkel, William und Harry vollständig ab, um diese so vor den Berichten in Fernsehen, Radio und Presse zu schützen und ihnen zu helfen, mit der überwältigenden Trauer fertigzuwerden.

Doch auch die britische Öffentlichkeit braucht ihre Königin, und eine fast schon meuternde Wut auf die königliche Familie beginnt, um sich zu greifen. Es muss etwas getan werden. Sehr schnell wird klar, dass Dianas Beerdigung nicht die übliche private Angelegenheit sein könnte, denn eigentlich gehört sie ja nicht mehr offiziell zur königlichen Familie. Stattdessen wird das Protokoll beiseitegeschoben, als Prinz Charles darauf besteht, dass die verstorbene Mutter des zukünftigen Königs ein feierliches Begräbnis erhalten soll.

Die Königin und Prinz Philip kehren fünf Tage früher als geplant nach London zurück, Millionen Trauernde schauen ihnen kritisch dabei zu, wie sie an Tausenden von Blumensträußen vorbeigehen, die sich vor dem Buckingham Palace auftürmen. Später besuchen auch die Prinzen Charles, William und Harry die Trauerstätte vor Dianas ehemaligem Zuhause, dem Kensington Palace. In der Nacht vor der Beerdigung wendet sich die Königin in einer Fernsehansprache an die Nation, die seither als entscheidender Wendepunkt für die Windsors angesehen wird: als der Moment, in dem sich die Königin in ihre Nation einfühlt und die Entwicklung der modernen Monarchie beginnt. „Was ich Ihnen jetzt als Ihre Königin, als Großmutter sage, sage ich von Herzen", erklärt die Königin in der sehr emotionalen Ansprache aus dem Buckingham-Palast. „Ich für meinen Teil glaube, dass es Lektionen gibt, die man aus ihrem Leben und aus der außergewöhnlichen und bewegenden Reaktion auf ihren Tod ziehen kann. Ich teile Ihre Entschlossenheit, ihr Andenken in Ehren zu halten." Dianas Beerdigung wird von 32 Millionen Menschen in Großbritannien und zweieinhalb Milliarden weltweit verfolgt. ✳

KÖNIGIN ELIZABETH, QUEEN MUM
4. AUGUST 1900 – 30. MÄRZ 2002

Die Königinmutter, flankiert von ihren Töchtern, Prinzessin Margaret und Königin Elizabeth II., ist eines der beliebtesten Mitglieder des Königshauses und eine von nur zwei Angehörigen der britischen Königsfamilie, die ihren 100. Geburtstag erleben dürfen. „Irgendwie hätte ich nie gedacht, dass es so kommen würde", sagt Prinz Charles nach der Beerdigung seiner Großmutter. „Sie schien nicht aufzuhalten zu sein, und seit ich ein Kind war, habe ich sie verehrt. Sie war ganz einfach die zauberhafteste Großmutter, die man haben konnte, und ich war ihr völlig ergeben." Ebenso hingebungsvoll ist sein Sohn William, der sich besonders an den Sinn für Humor seiner Urgroßmutter erinnert. „Alles, was formell sein sollte und schiefging, hat sie genossen", so William. „Sie hat immer gekichert. Sie hatte eine so jung gebliebene Freude an lustigen Dingen." Eines ihrer Geheimnisse für ein langes Leben sieht sie, so ihre Vertraute Margaret Rhodes, in ihrer Trink-Routine: Gin und Dubonnet vor dem Mittagessen, Wein zum Mittagessen, einen Martini vor dem Abendessen, dann ein Glas Champagner.

PRINZESSIN MARGARET
21. AUGUST 1930 – 9. FEBRUAR 2002

Prinzessin Margaret ist bekanntlich vom Temperament her das genaue Gegenteil ihrer disziplinierten Schwester und zeitlebens auch eine Quelle der Sorge für die königliche Familie. Sie ist umwerfend schön, sehr gesellig und liebt das glamouröse Leben der High Society. Ihre erste Liebe, Group Captain Peter Townsend, wird als „ungeeignet" erachtet, weil er geschieden ist, und schließlich, unter Druck, lässt Margaret ihn fallen. Im Jahr 1960 heiratet sie den Society-Fotografen Antony Armstrong-Jones in der Westminster Abbey. Das Paar bekommt zwei Kinder, Lord Linley und Lady Sarah, streitet viel und lässt sich scheiden. Ihren Kummer betäubt Margaret mit Alkohol, Affären und Partys, raucht bis zu 60 Zigaretten am Tag. Aber trotz der unterschiedlichen Lebensweisen stehen sich die Schwestern sehr nahe. Und auch die Kinder der Queen lieben sie sehr. „Meine Tante war einer dieser bemerkenswerten Menschen, die abgesehen davon, dass sie unglaublich vital und attraktiv war … unglaubliche Talente hatte", sagte Prinz Charles nach ihrer Beerdigung.

FOTO: RBO/CAMERA PRESS /PICTURE PRESS/DDP

DIANA, PRINZESSIN VON WALES
1. JULI 1961 – 31. AUGUST 1997

Die Welt steht unter Schock: Prinzessin Diana, die Königin der Herzen, ist tot. Gestorben mit nur 36 Jahren nach einem Autounfall in Paris, auf der Flucht vor Paparazzi. Zu Tausenden legen Trauernde Blumenbouquets vor den Palästen in London ab und stehen stundenlang Schlange, um sich mit letzten Worten an Diana in Kondolenzbücher einzutragen. Ein Land, eine Welt ist in Trauer vereint. „Sie war ein außergewöhnlicher und begnadeter Mensch", betont die Königin deshalb auch in ihrer denkwürdigen Rede am Tag vor der feierlichen Beisetzung der Princess of Wales. „In guten wie in schlechten Zeiten hat sie nie ihre Fähigkeit verloren, zu lächeln und Spaß zu haben und andere mit ihrer Wärme und Freundlichkeit zu inspirieren. Ich habe sie bewundert und respektiert – für ihre Energie und ihr Engagement für andere und besonders für ihre Hingabe an ihre beiden Jungen… Keiner, der Diana kannte, wird sie jemals vergessen. Millionen andere, die ihr nie begegnet sind, aber das Gefühl hatten, sie zu kennen, werden sich an sie erinnern."

PRINZ PHILIP
10. JUNI 1921 – 9. APRIL 2021

„Er ist – einfach gesagt – meine Stärke und mein Halt in all den Jahren gewesen. Ich und meine Familie, dieses Land und viele andere Länder schulden ihm größeren Dank, als er jemals beanspruchen würde und wir jemals ahnen werden", so die liebevollen Worte, die die Queen anlässlich ihres 50. Hochzeitstages für ihren Mann findet. Die Geschichte der beiden erstreckt sich über 73 Ehejahre, in denen Liebe, Familie und Dienst im Mittelpunkt stehen. Von den glücklichen Jahren als frisch verheiratete Frau vor ihrer Krönung bis hin zu den Irrungen und Wirrungen des öffentlichen Lebens – Philip ist immer an ihrer Seite. Seine wichtigste Aufgabe als Ehemann der Königin hat er stets darin gesehen, „ihr zu dienen, so gut ich konnte". Ihre erste offizielle Veranstaltung nach seiner Beerdigung ist die Eröffnung des Parlaments im Mai. Begleitet wird sie von Prinz Charles, der nach dem Tod seines Vaters in eine noch bedeutendere Rolle schlüpfen wird. Erst im Oktober erwähnt sie bei der Eröffnung des schottischen Parlaments zum ersten Mal öffentlich ihren verstorbenen Mann.

95 FAKTEN, DIE SIE SO BESTIMMT NOCH NICHT KENNEN

Queen Elizabeth II ist die wohl mit Abstand bekannteste Frau der Welt. Trotzdem gibt es immer noch eine ganze Menge über sie zu verraten, zum Beispiel: Wie ist und lebt eigentlich die ganz private Queen?

Oben: Königin Elizabeth in ihrer wohl prunkvollsten Kutsche, der goldenen Staatskutsche, hier an der Spitze einer Parade, die vom Buckingham Palace zur St. Paul's Cathedral unterwegs ist. Anlass: das goldene Thronjubiläum 2002. Unten: Der Sultan von Oman lässt der Königin von England vor einem Staatsbankett im November 2010 ein goldenes musikalisches Ei im Fabergé-Stil überreichen. Was ihr zu gefallen scheint.

Die TV-Doku „Royal Family" von 1969 erlaubt einen Blick ins private Wohnzimmer…

1 Im Jahr 2002 feiert Elizabeth II. ihr goldenes Thronjubiläum. Seit Wilhelm dem Eroberer, der 1066 England für die Normannen einnahm, ist sie die 40. Monarchin des Landes und die bislang zweite, die dieses Jubiläum feiert.

2 Seit ihrer Krönung hat sie sieben Päpste, 14 US-Präsidenten und 15 britische Premierminister in ihren Ämtern erlebt. Liz Truss, Boris Johnson, Theresa May, David Cameron und Tony Blair werden alle erst geboren, nachdem Queen Elizabeth bereits den Thron bestiegen hat.

3 Sie ist Oberhaupt des Vereinigten Königreichs Großbritannien und Nordirland sowie von 15 weiteren, als Commonwealth Realms bezeichneten souveränen Staaten. Darüber hinaus ist sie das Oberhaupt des 54 Staaten umfassenden Commonwealth of Nations, Lehnsherrin der britischen Kronbesitztümer und oberste Autorität der anglikanischen Kirche.

4 Um den Zusammenhalt im Commonwealth zu stärken, muss sie viel reisen. Im Verlauf ihrer Herrschaft kommen über 100 Staatsbesuche und 180 Reisen in die Commonwealth Realms zusammen. Besonders gut scheint es ihr in Kanada zu gefallen. Da war sie schon fast 30-mal. Elizabeth II. gilt damit als das am weitesten gereiste Staatsoberhaupt der Geschichte.

5 Sie besitzt das Recht, die australische Regierung zu feuern, und hat das tatsächlich einmal – indirekt im Jahr 1975 über ihren Generalgouverneur – getan.

6 Die Queen und ihre Familie könnten zwar theoretisch zur Wahl gehen, aber alle verhalten sich politisch neutral und wählen nicht.

7 Sie besitzt sechs Residenzen: Neben Buckingham Palace und Windsor Castle, dem weltweit größten dauerhaft bewohnten Schloss, sind das Holyrood Palace, ein ehemaliges schottisches Kloster, und Hillsborough Castle in Nordirland. Sandringham Estate, wo die königliche Familie Weihnachten feiert, und ihr liebstes Sommerschloss Balmoral Castle gehören Elizabeth II. persönlich, sie hat sie von ihrem Vater geerbt.

8 Insider wissen, dass sich in den privaten Gemächern eine große Sammlung von Vogelskulpturen befindet, oft von lokalen Künstlern gefertigt oder einstmals von den Kindern und Enkeln der Queen als kleine Aufmerksamkeit geschenkt.

9 Zu ihrem Landbesitz gehören eine Reihe von Parks, darunter Hyde Park, Kensington Gardens, The Regent's Park und Primrose Hill und The Green Park. Ebenfalls im Besitz der Queen ist der Tower of London.

10 Sie besitzt die Rechte auf alle Goldminen-Aktivitäten in Schottland – ein Privileg, das sie vermutlich verliert, sollte sich Schottland unabhängig machen.

11 Bei einer der seltenen Gelegenheiten anlässlich ihres 60-jährigen Thronjubiläums im Juli 2012 kann der Sender BBC ganz besondere Impressionen aus ihren privaten Gemächern einfangen. Während der Dreharbeiten entdeckt Filmemacher und Adelsberichterstatter Robert Hardman ein rotes Dekokissen mit der Aufschrift „It's Good To Be Queen".

12 Kein Bargeld in der Tasche? Keine Sorge – im Buckingham Palace hat die Queen ihren eigenen Bankautomaten. Sie selbst braucht allerdings gar kein Geld, er wird von ihrer Familie und Angestellten benutzt und von der Bank Coutts zur Verfügung gestellt.

13 Die Queen ist im Besitz zweier custom-made Bentleys – und das ist nur ein Bruchteil ihres umfangreichen persönlichen Fuhrparks, darunter sind noch Land Rover, drei Rolls-Royce und ein eigens gebauter Range Rover LWB Landaulet mit offenem Dach, damit sie der Öffentlichkeit huldvoll zuwinken kann.

14 Sechs Guinness-Weltrekorde hält sie mittlerweile: als längstregierende Königin, als älteste regierende Monarchin, als reichste Monarchin, als Oberhaupt der meisten Staaten, als älteste britische Königin der Geschichte und als die Frau, die auf den Geldscheinen der meisten souveränen Staaten abgebildet ist.

15 In ihre Sammlung gehören auch drei kostbare Fabergé-Eier, die der russische Zar anfertigen ließ. Darunter das Kolonnaden-Ei und das Mosaik-Ei. Und auch wertvolle Uhren u. ä. von Jaeger-LeCoultre, dessen Armbanduhr „Kaliber 101" sie am Tag ihrer Krönung trug, sowie Vacheron et Constantin oder Patek Philippe und andere gehören in diese Sammlung.

16 Heute beschäftigt Queen Elizabeth, die von ihren Enkelsöhnen Prinz William und Prinz Harry nur „Granny", also Oma, gerufen wird, in ihrem Haushalt etwa 1200 Personen und steht mehr als 620 Wohltätigkeitsvereinen und Organisationen als Patronin vor.

17 Dass sie selbst Auto fährt, ist weniger verwunderlich als die Tatsache, dass sie auch selbst Autos reparieren kann. Elizabeth ist vermutlich die einzige Monarchin der Welt, für die es kein Problem ist, eine Zündkerze zu wechseln. Sie wurde im Zweiten Weltkrieg zur Automechanikerin ausgebildet. Später nutzte sie diese Fähigkeiten, um etwa König Abdullah von Saudi-Arabien bei einem Besuch in Balmoral herumzufahren.

Zur Eröffnung des Parlaments trägt die Queen diese Krone.

18 Queen Elizabeth ist auch das erste Mitglied der britischen Königsfamilie, das jemals eine Goldene Schallplatte erhält. Und zwar für das Album „Party At The Palace", 2002 anlässlich ihres goldenen Jubiläums auf einer Gartenparty im Buckingham Palace aufgezeichnet. Innerhalb der ersten Woche nach seinem Erscheinen verkauft es sich über 100.000 Mal. Es heißt, dass Queen Elizabeth selbst während der Party in einer Brian-May-Jacke auf dem Dach von Buckingham Palace gestanden und die britische Nationalhymne auf der E-Gitarre gespielt hätte – ein ultimativer Tribut an die Band Queen. Mit an Sicherheit grenzender Wahrscheinlichkeit handelt es sich bei diesem Gerücht wohl aber eher um einen – gelungenen – Scherz.

19 In Schloss Sandringham gibt es ein privates Wohnzimmer der Queen – vieles darin stammt aus den 1950er- und 1960er-Jahren: ein Kurzwellen-Radiogerät, eine Sitzgruppe, ein Schreibtisch, ein großer Fernsehapparat und ein wohl ehemaliger Kartentisch, auf dem die Königin und Philip zur Entspannung gerne zusammen Puzzles ab 1000 Teile legen.

20 Queen Elizabeth spielt auch gerne. Vor allem Solitär, Trivial Pursuit und Scrabble. Einen Zauberwürfel kann sie in 55 Sekunden lösen, und für ein 9 x 9-Sudoku braucht Ihre Majestät etwa drei bis vier Minuten. Ein Brettspiel, das die Queen überhaupt nicht leiden kann, ist Monopoly. Das verursacht zu viel Streit. Das Spiel wird deshalb von der gesamten Royal Family gemieden.

21 Sie spricht fließend Französisch und kann in elf Sprachen zumindest ein dunkles Bier bestellen: Englisch, Französisch, Deutsch, Griechisch, Italienisch, Niederländisch, Bulgarisch, Serbokroatisch, Finnisch, Malaysisch und Mandarin. Für eine Monarchin ist das schon sehr beachtlich.

22 Die Queen grüßt immer zuerst und eröffnet ein Gespräch. Ihr die Hand entgegenzustrecken ist verboten. Mit „Your Majesty" wird sie begrüßt, danach mit „Ma'am" angeredet – niemals mit „you". Zur Begrüßung der Königin machen Männer eine Nackenverbeugung (nur vom Kopf) und Frauen einen kleinen Knicks.

23 Königin sein ist nicht leicht. Die Kronen der Queen wiegen teilweise mehr als zwei Kilogramm. Glück hatte dagegen Prinz Charles. Als er zum Prince of Wales gekrönt wurde, thronte auf seiner Krone ein mit Gold überzogenen Pingpongball.

24 Queen Elizabeth II. hat drei Vornamen: Ihr Rufname Elizabeth bezieht sich auf ihre Mutter, ihr zweiter Name Alexandra auf ihre Urgroßmutter Alexandra von Dänemark, und Mary geht zurück auf ihre beiden Tanten Maria Victoria, Countess of Harewood, und Lady Mary Elphinstone.

25 Die Bodenständigkeit der Queen zeigt sich schon am frühen Morgen, wenn die Königin – normalerweise in ihren Gemächern – das Frühstück servieren lässt. Lange Zeit gehörte dazu ein weich gekochtes Ei (mit stets brauner Schale), das sie auf ärztlichen Rat vor einigen Jahren strich. Dazu Tee, Toast, Joghurt und Cornflakes (praktisch verpackt in einer Tupperdose) sowie die Tageszeitung, in der sie jeden Morgen zuerst das Kreuzworträtsel im Rekordtempo, nämlich innerhalb von fünf Minuten, löst. Dazu hört sie die Nachrichten der BBC aus einem Kofferradio am Frühstückstisch.

26 Manchmal öffnet die Königin ihr Schloss Sandringham in Norfolk für Besucher. Im Gegensatz zu Windsor Castle, Buckingham und Kensington Palace in London ist dieses Schloss kein Bestandteil des „Crown Estate", sondern absoluter Privatbesitz der Königin. Normalerweise verbringt sie hier die Weihnachtszeit und die Wintermonate. Gatte Prinz Philip, 99, hat sich hierhin schon vor der Corona-Pandemie, nämlich nach seiner „Pensionierung", in ein Nebengebäude zurückgezogen.

27 Übrigens bietet die Queen Positionen, die es sonst nirgendwo gibt – etwa die eines Philatelisten, eines Briefmarken-Experten, der sich (für etwa 40.000 Euro Jahresgehalt) um die ererbte Markensammlung ihres Großvaters König George V. (1865–1936), die sowohl eine Rote wie eine Blaue Mauritius enthält, kümmert. Die Royal Philatelic Collection umfasst dabei mittlerweile mehr als 20.000 Albumseiten voller Postwertzeichen.

28 Sehr diskret ist der private Freundeskreis der Königin. Der kleine Kreis von engen Freunden stammt meist noch aus ihren Kindheits- und Jugendjahren. Dazu gehörten beispielsweise die Mountbattens oder die Familie der Herzöge von Richmond, ihre einstigen Brautjungfern und meist selbst aus dem Adel stammende Hofdamen. Eine Einheirat in die königliche Familie ist leichter – der Freundeskreis seit Langem unverändert, von traditionell hohem gesellschaftlichen Stand und ohne finanzielle Sorgen.

29 Die Queen ist bekennende Liebhaberin von TV-Serien wie „Inspector Barnaby" oder „Coronation Street" und hat keine Berührungsängste mit den Stars von Film und Bühne: Viele von ihnen – wie beispielsweise Judy Dench oder Maggie Smith – wurden gleich mehrfach mit Orden ausgezeichnet, in den Adelsstand erhoben oder mit Einladungen zu den Gartenfesten im Buckingham Palast belohnt. Gegenüber Ur-Barnaby John Nettles, 77, der mehrfach auf die Gästeliste kam, unkt sie: „Ich bin froh, dass ich nicht in Midsomer wohne – da wäre ich wahrscheinlich schon längst ermordet worden."

30 Das einzige Mal, dass die Königin eine Übersee-Tour unterbricht, passiert 1974, als sie aus Australien zurückkommen muss, da in Großbritannien plötzlich eine Parlamentswahl ausgerufen wird.

Oben: Königin Elizabeth II. zusammen mit dem amerikanischen Sänger Will.i.am (1. v. l.), der Australierin Kylie Minogue (2. v. l.), dem britischen Sänger Sir Tom Jones (6. v. l.), Annie Lennox (Mitte), Sir Paul McCartney (4. v. r.), Sir Elton John (1. v. r.) u. v. m. bei einem von Gary Barlow organisierten Konzertabend mit mehr als 50 Künstlern anlässlich ihres diamantenen Thronjubiläums. Unten: Sie fährt immer noch selbst, gerne einen praktischen Range Rover.

Oben: Queen Elizabeth II besucht den Dubai Duty Free Raceday 2013 und ist dabei, als ihr Pferd „Sign Manual" das Rennen gewinnt. Auch John Warren, ihr Rennmanager, und Michael Bell, ihr Trainer, sind begeistert. Unten: Am 4.12.2020 hält die Queen ihre erste virtuelle Audienz von Schloss Windsor aus, sie empfängt u. a. die georgische Botschafterin Sophie Katsarava, die aus dem Buckingham-Palast mit ihr spricht, Knicks inklusive.

Zu ihren Hobbys zählt das Fotografieren. Ihr liebstes Motiv: die Familie – und ihre Hunde.

31 Was passiert, falls die Queen mal einen Strafzettel bekommt? Kein Problem – als Oberhaupt der britischen Königsfamilie genießt sie nämlich absolute Immunität und dürfte auch niemals verhaftet werden.

32 Egal, wie widersinnig oder falsch über sie berichtet wird: Die Queen gibt weder Kommentare ab, noch schaltet sie Anwälte ein. Dafür hält sie auch seit Jahrzehnten ihre eiserne Devise durch, keine Interviews zu geben. Ursprünglich auch mit dem Hintergrund, nicht einzelne Medien zu bevorzugen – und andere damit zu benachteiligen. Ähnlich hält sie es mit TV-Filmen, Schlüsselromanen – und der Serie „The Crown". Es ist bekannt, dass die Königin gerne fernsieht. Und es ist zu vermuten, dass sie auch „The Crown" gesehen hat. Kommentare dazu wird es nicht geben – das wird bei Hofe als Fiktion bewertet, ein Mitspracherecht wird allenfalls bei legitimierten TV-Dokumentationen verlangt und eingefordert.

33 Zwei sympathische kuriose Eigenheiten von Queen Elizabeth II: So besitzt die Queen weder einen Wecker noch einen Reisepass. Ersteren braucht sie nicht, weil sie sich jeden Morgen von ihrem persönlichen Dudelsackspieler wecken lässt, der vor ihrem Schlafzimmer spielt. Zweiteren braucht sie ebenfalls nicht, so der Sprecher der königlichen Familie, weil alle Reisepässe in Großbritannien im Namen der Queen ausgestellt würden. Deshalb sei es unnötig, dass sie selbst einen habe.

34 Queen Elizabeth ist auch berühmt für ihre edle Hundezucht. Seit sie zu ihrem 18. Geburtstag im Jahr 1944 ihren ersten Welsh Corgi namens Dookie bekommen hat, ist die Queen vollkommen hingerissen von dieser als Hütehunde bekannten Hunderasse. Mehr als 30 hat sie seitdem besessen. Einen ihrer Corgis kreuzte die Queen mit einem Dachshund namens Pipkin. Die daraus entstandene Rasse heißt seitdem Dorgis.

35 Queen Elizabeth spielt Ukulele, ist eine begabte Fotografin, die am liebsten die Mitglieder ihrer Familie fotografiert, und bekannt für überzeugende Parodien ihrer Mitmenschen, gerne auch Politiker. Leider führt sie diese aber nur im Privaten vor.

36 Die Queen ist eine reiche Frau. Auf der jährlichen Liste der wohlhabendsten Menschen in Großbritannien liegt Elizabeth II. zuletzt mit 398 Millionen Euro auf Platz 372 allerdings weit abgeschlagen hinter britischen Milliardären, wie zum Beispiel Autorin J.K. Rowling. Berücksichtigt wird allerdings nur das private Vermögen der Queen, nicht Besitztümer der Krone wie die 15-Milliarden-Euro-Kunstsammlung im Buckingham-Palast. Und falls die Queen jemals knapp bei Kasse sein sollte, könnte sie immer noch ihr Zuhause vermieten. Pro Nacht würde es schätzungsweise eine Million Pfund kosten.

37 Eigentlich muss Elizabeth keine Steuern bezahlen, doch seit 1992 tut sie es freiwillig. Was ihre Untertanen wohlwollend zur Kenntnis nehmen.

38 Mit dem allergrößten Vergnügen züchtet Elizabeth II. Rennpferde und Tauben – beides sogar mit Erfolgen in Wettkämpfen. Seit über 200 Jahren sind die königlichen Ställe dabei für ihre Rennpferde bekannt: Beinahe jedes Rennen in Großbritannien wird von ihnen gewonnen. Jede Saison hat Queen Elizabeth II selbst bis zu 25 eigene Pferde im Training. Es heißt, einer ihrer größten Wünsche sei es, dass eines ihrer Pferde das Epsom Derby gewinnt. 1953 wurde Aurcole bereits Zweiter, Carlton House schaffte es 2011 immerhin auf den dritten Platz.

39 Über die Jahre hat die Queen schon unzählige und dabei auch sehr originelle Geschenke bekommen: Da werden etwa U-Bahn-Tickets oder Obstkonserven, hippe Westernstiefel oder sogar lebendige Tiere überreicht. Auf den Seychellen sind es zwei Schildkröten, Kameruns Präsident schenkt gar einen Elefanten namens Jumbo. Dazu: Faultiere, ein ausgewachsener Jaguar aus Brasilien und ein Pärchen Schwarzbiber aus Kanada. Aber keine Sorge, da im Palast natürlich keine artgerechte Tierhaltung möglich ist, vermacht die Queen solche Geschenke direkt dem Londoner Zoo.

40 Die Queen ist das einzige amtierende Staatsoberhaupt, das noch in Uniform im Zweiten Weltkrieg gedient hat. Im Rang eines Unterleutnants arbeitete sie in der Frauenabteilung der britischen Armee.

41 Die Queen lässt sich jedes Jahr zweimal feiern. Ihren wirklichen Geburtstag am 21. April feiert sie privat im Kreise ihrer Familie. Die offizielle Geburtstagsparty für alle, die dabei sein wollen, findet dann an einem Samstag im Juni statt. Der Grund? Das launische englische Wetter. Denn die Untertanen lässt man doch besser nicht im Regen stehen.

42 Die Queen ist ihrer Zeit stets weit voraus. Nicht nur treibt sie bei ihrer Krönung das Fernsehen weiter voran, sie verschickt auch bereits 1976 ihre erste E-Mail – und zwar über „ARPANET", einen Vorgänger des Internets – von einer britischen Armee-Basis aus. In den 1950ern führte die Queen auch das erste telefonische Ferngespräch Englands.

43 Unbedingt vermeiden sollte man, die Queen anzufassen oder zu drücken. Diese königliche Etikette war der Ex-First-Lady Michelle Obama offenbar nicht bekannt: Als das Gruppenfoto bei dem G-20-Gipfel 2009 geknipst wurde, legte sie ihre Hand auf die Schulter der Monarchin. Elizabeth nahm es jedoch sportlich und legte ihrerseits den Arm um die Hüfte der First Lady.

Da drückt nichts – denn dafür sorgt eine extra eingestellte Schuheinläuferin.

44 Nicht nur einen Thron hat die Queen, sondern gleich neun: sechs im Buckingham Palace, zwei in Westminster Abbey und einen im House of Lords.

45 Buckingham Palace, Wohnort und Arbeitsplatz von Queen Elizabeth II, hat 775 Zimmer. Davon sind alleine 78 Badezimmer.

46 Das Ende des Zweiten Weltkriegs feierte die damals 19-jährige Queen mit Normalsterblichen im Londoner Green Park. Sie soll sich sogar einer wilden Party im „Ritz Hotel" angeschlossen haben.

47 Warum die Kleider der Queen auch bei Windböen nie hochfliegen? Da hilft ihr ein genauso kluger wie schlichter Trick: In jeden Saum lässt sie das Kleid beschwerende kleine Bleikugeln nähen. So vermeidet sie geschickt (peinliche) „Marilyn-Momente".

48 Mit der Geburt von Prinz Andrew im Jahr 1960 ist die Königin die erste regierende Herrscherin seit Königin Victoria, die ein Kind zur Welt bringt.

49 Gerade als Queen Elizabeth II am 14. Oktober 1981 in Dunedin, der zweitgrößten Stadt Neuseelands, aus ihrem Rolls-Royce steigt, gibt es ein scharfes Geräusch. Zeugen mit militärischer Ausbildung sind sich sofort sicher: Das musste ein Gewehrschuss gewesen sein. Doch als Polizisten auf die Nachfragen von Journalisten erklären, nur ein Schild sei umgefallen, gerät der Knall schnell in Vergessenheit. Warum auch nicht: Die britische Königin, zugleich als formaler Kopf des Commonwealth auch Neuseelands Staatsoberhaupt, hat ja keine Reaktion gezeigt, ebenso wenig ihre Leibwächter. In Wirklichkeit handelt es sich wohl tatsächlich um ein Attentat, was mehr als 36 Jahre später durch neuseeländische Medien bekannt geworden ist. Entsprechende Akten sind ebenfalls freigegeben worden. Die Sicherheitsbehörden hatten demnach nie daran gezweifelt, dass der Knall tatsächlich ein Schuss gewesen war – zu typisch sei das Geräusch für einen Gewehrschuss gewesen.

50 Britischer als die Queen geht es nicht? Stimmt nicht ganz: Der heutige Name des britischen Königshauses, Windsor, ist eine Erfindung aus dem Jahr 1917. Zuvor hieß das Geschlecht, dem die Queen entstammt, Saxe-Coburg and Gotha. Der Ururopa von Elizabeth II., Ehemann von Königin Victoria, war der Deutsche Albert von Sachsen-Coburg und Gotha. Während des Ersten Weltkriegs, als Großbritannien vier Tage nach der deutschen Kriegserklärung an Russland Deutschland den Krieg erklärt, wird der deutsche Name den britischen Royals zur Last – und so benennt König George V., Elizabeths Opa, das Geschlecht in Windsor um, nach der kleinen Stadt bei London, in der sich das königliche Schloss Windsor Castle befindet.

51 Die Queen ohne Handtasche? Unvorstellbar. Sie besitzt mehr als 200 – umgerechnet je rund 1300 Euro teure – Accessoires des britischen Luxus-Herstellers Launer, der seit 1968 zu den königlichen Hoflieferanten gehört. Aber nicht nur als Fashion-Statement dient ihre Handtasche: Um sich Gesprächspartnern auf höfliche (und heimliche) Weise zu entledigen, wechselt die Queen ihre Tasche von der linken Hand in die rechte. Für ihre Angestellten das Zeichen, die Regentin zu „erlösen" …

52 Die Queen hat eine persönliche Schuheinläuferin. Alle neuen Schuhe der Queen werden von einer Dienerin eingelaufen. So bekommt die Königin bei ihren vielen Terminen hoffentlich keine Blasen.

53 2014 wird im Garten des Buckingham Palace ein „Magic Mushroom" entdeckt. Queen Elizabeth bekommt aber keine Probleme, niemand verdächtigt sie, Drogen zu konsumieren.

54 Zu öffentlichen Terminen ohne Hut? Auch das kommt nicht infrage. So wahrt die Queen immer die königliche Contenance. Pro Jahr lässt sie etwa 70 neue Hüte anfertigen – insgesamt besitzt sie rund 5000.

55 Die Queen soll einen ausgeprägten Sinn für Humor haben. Als Prinz Philip von einer Pazifikreise zurückkommt und einen langen Bart trägt, stattet Elizabeth die gesamte Willkommensgesellschaft mit Fake-Bärten aus.

56 Die Übertragung der Krönungszeremonie sorgt für einen Boom in der damals noch jungen Fernseh-Branche. Im Juli 1953 steigt die Zahl der Fernsehgeräte von wenigen Hunderttausend auf vier Millionen.

57 Als kleines Mädchen wird die zukünftige Königin mit dem Spitznamen Lilibeth gerufen, allerdings nur von ihren engsten Vertrauten. Ihr Ehegatte Prinz Philip hat darüber hinaus die Angewohnheit, seine Frau sehr unköniglich als „Sausage" und „Cabbage" – also Würstchen und Kohlkopf – zu bezeichnen.

58 Sie ist so berühmt, dass es sich die britische Post seit fast sieben Jahrzehnten erlauben kann, anstelle eines Ländernamens nur ihre Silhouette auf Briefmarken zu setzen.

59 Wie schmeckt ein 68 Jahre alter Kuchen? Das kann nur derjenige verraten, der 2015 ein Stück der vierstöckigen Hochzeitstorte von Elizabeth und Philip für 560 Pfund (ca. 650 Euro) erstand. Wie das möglich war? Der Fruchtkuchen wurde in seinem Original-Pergamentpapier eingefroren. Dank seines hohen Alkoholgehalts soll das antike

Oben links: Von wegen humorlos. Bei den jährlichen Braemar Highland Games amüsieren sich Mutter und Sohn königlich. Oben rechts: Michelle Obama unterläuft als First Lady ein echter Fauxpas; ganz spontan fasst sie die Queen an. Die reagiert aber sehr gelassen und legt ihrerseits den Arm um Michelles Taille. Unten: Der Buckingham-Palast ist das offizielle Zuhause der Queen und ihrer Familie und auch der Arbeitsplatz von Elizabeth II.

Oben: Fast 68 Jahre nach der Hochzeit ersteigert ein anonymer Bieter aus Los Angeles ein Stück aus der vierstöckigen blau-weißen Hochzeitstorte im Wedgwood-Stil. Verkauft hat es eine Frau, deren Vater Gast auf der Hochzeit war. Unten: Die renommierte Sammlung des Königshauses enthält einzigartige Highlights aus dem Schaffen berühmter Maler – wie hier z. B. das Gemälde „The Music Lesson" des niederländischen Künstlers Johannes Vermeer.

Schnittchen auch nach so langer Zeit noch genießbar sein.

60 Sehr humorlos agiert die Queen, wenn es um ihre Hunde geht – so degradierte sie einen ihrer Diener, nachdem er ihren geliebten Corgis einmal „aus Spaß" Whiskey in die Näpfe gefüllt hatte. Zusätzlich gab es zur Strafe eine Gehaltskürzung.

61 Ihre Lieblinge bekommen kein Futter, sondern Luxus-Essen: Hasenfleisch, Hühnchen und Steak. Und das standesgemäß auf einem Silbertablett serviert. Wann immer es der Queen möglich ist, besteht sie darauf, ihre Hunde selbst zu füttern – es ist ein geliebtes Abendritual für sie.

62 Queen Elizabeth ist der britischen Zeitung „The Sun" zufolge ein großer ABBA-Fan. Sie soll mehrere Platten der schwedischen Band besitzen und gelegentlich dazu tanzen.

63 Die Queen geht so gut wie nie außer Haus essen. Nur ganz selten speist sie in Londoner Edelrestaurants wie dem „Bellamy", einem Franzosen. Dann wird das Lokal komplett geschlossen, sodass sie in Ruhe essen kann.

64 Vier Mahlzeiten am Tag isst die Königin und hält sich an die „Keine Stärke"-Regel. Für Spareribs hat sie offenbar eine Leidenschaft. Ihr Lieblingsgetränk? Gin, mit viel Eis und einer Zitronenscheibe.

65 Bei der königlichen Speisekarte ist eines absolut tabu: Knoblauch. Denn die Queen trifft jeden Tag so viele Leute. Falls doch mal eine Knolle auf dem Teller landet, soll sie aber immer Minzbonbons in der Tasche haben. Sie selbst liebt traditionsreiche Gerichte wie Roastbeef, Ente oder Lamm. Nicht serviert werden dürfen Zwiebeln, Knoblauch, Meeresfrüchte und Gerichte mit Soßen, mit denen sie sich bekleckern könnte. Gemüse kommt nur entkernt auf den Tisch, damit ihr auf keinen Fall etwas zwischen den Zähnen stecken bleibt.

66 Um acht Uhr morgens kommt ein Diener mit einer Tasse frisch aufgebrühtem Earl-Grey-Tee (ohne Milch und Zucker) von Twinings mit ein paar Keksen in das königliche Schlafgemach. Von da an beginnt der Tag – von Hunderten Angestellten organisiert.

67 Als Kind ist Elizabeth Alexandra Mary bei den Pfadfinderinnen. Die Gruppe „1st Buckingham Palace Company", in der sie involviert ist, wird extra für die kleine Prinzessin gegründet und soll ihr den Kontakt zu anderen Gleichaltrigen ermöglichen. In späteren Jahren ist sie Mitglied der Sea Rangers.

Gerne trägt Queen Elizabeth II die Brosche ihrer „Kent Amethyst Demi-Parure", die einmal der Herzogin von Kent gehörte.

68 Schon für 140 Porträts hat Elizabeth posiert. Dabei langweile sie sich aber nicht: Sie fände es nämlich entspannend, „ganz gefühllos dasitzen zu können". Damit ist die Queen die am häufigsten porträtierte Persönlichkeit Großbritanniens. Ein erstes Hologramm-Porträt von ihr gibt es im Jahr 2003.

69 Die Queen hat vier Kinder, acht Enkel- und bald zehn Urenkelkinder sowie 30 Patenkinder. Laut Herzogin Kate sei sie eine liebevolle Uroma: Für George, Charlotte und Louis lege sie immer kleine Geschenke aufs Zimmer. Ihrem Enkel Prinz William hat sie sogar dabei geholfen, die Gästeliste für seine Hochzeit zusammenzustellen.

70 Falls sich die Queen doch jemals langweilt, schaut sie angeblich gerne TV-Serien wie „Downton Abbey". Sie hat auch schon einige Sets besucht, zuletzt das von „Game of Thrones".

71 In einem Gespräch mit dem US-Botschafter in England verrät die Königin, sie finde Selfies „seltsam" und „verwirrend". Außerdem empfinde sie das Selfie-Schießen als schlechtes Benehmen.

72 In der britischen Königin schlummert offenbar ein Schauspieltalent: Anlässlich der Eröffnung der Olympischen Spiele in London 2012 spielt sie in dem Kurzfilm „Happy and Glorious" an der Seite von „James Bond"-Darsteller Daniel Craig. Ihre Rolle: sie selbst.

73 Im Laufe ihrer Regentschaft hat sie mehrere Millionen Menschen in den Adelsstand erhoben – darunter Sir Sean Connery, Sir Paul McCartney und Sir Elton John.

74 Für formelle Anlässe entscheidet sich die Queen für eine Parure, ein Set, bestehend aus einer passenden Halskette, Ohrringen und natürlich einem Diadem. Trägt die Queen sehr viel Schmuck, bezeichnet sie sich selbst gerne auch mal als „Weihnachtsbaum".

75 Obwohl die Queen längst im Rentenalter ist, nimmt sie jedes Jahr rund 430 offizielle Termine wahr. Die britische Königin hat während ihrer Regentschaft mehr als 3,5 Millionen Briefe und Korrespondenzen beantwortet. Außerdem hat sie weit mehr als 45.000 Weihnachtskarten verfasst.

76 Sprachforschern zufolge hat sich die Aussprache der Königin über die Jahre „Richtung Mittelschicht" gewandelt. Das heißt: Ihre Sprache hat sich ihrem Volk angepasst, weil sie mehr mit Menschen aus ebendiesem zu tun hat. Dass die Queen schließlich in Slang verfällt, ist aber eher unwahrscheinlich.

77 Als Marion Crawford (1909–1988), einst heiß geliebte Nanny, Vertraute in Kinderzeit und Jugend, in guten Zeiten „Crawfie" genannt, 1949 das Buch „The Little Princesses" über ihre Jahre mit der Queen mit einigen privaten Fotos und harmlosen Texten veröffentlicht, sieht die Queen darin einen Verrat: Crawfie wird zur unerwünschten Person bei Hof. Sie verliert das ihr auf Lebenszeit zugesicherte Wohnrecht im Nottingham Cottage im Areal des Kensington Palastes, bekommt nie mehr eine Weihnachtskarte – und erfährt völlige Missachtung durch die Royals.

1835 gründet Marie Tussaud ihr Wachsfigurenkabinett, die Figuren werden auch heute noch nach ihrer Methode gearbeitet.

78 Technisch gesehen gehören alle Wale und Delfine in den Gewässern rings um England, Schottland und Wales der Queen. Das schreibt ein Gesetz aus dem Jahr 1324 fest, das zur Regierungszeit von König Edward II. verabschiedet wird. Das Gleiche gilt übrigens auch für die mehr als 5300 brütenden Schwanenpaare in Großbritannien, die ebenfalls alle der Königin gehören.

79 Mehr als 50.000 Gäste empfängt die Queen jedes Jahr zu Banketts, Mittag- und Abendessen sowie Gartenpartys. Auf die offizielle Begrüßung durch die Queen wartet man im grünen Salon, der mit Seidentapeten und Bildern der königlichen Familie ausgestattet ist.

80 Zur Hochzeit bekommt das Brautpaar 2500 Geschenke – darunter ein handgewebtes Tuch einschließlich einiger gehäkelter Spitzen, die aus von Mahatma Gandhi gesponnenem Garn hergestellt sind.

81 Die Queen und ihre Familie besitzen mehr als 100 Kutschen. Ihre Krönungskutsche wird von acht grauen Schimmeln gezogen: Cunningham, Tovey, Noah, Tedder, Eisenhower, Snow White, Tipperary und McCreery.

82 Die Monarchin ist sehr preisbewusst; bei Festmahlen bestellt sie für die Gäste Champagner von einer Supermarktkette. Im Empfangssaal von Schloss Windsor kämpft ein 30-Euro-Elektroheizer gegen die klamme Luft an und seit 1989 benutzt sie ausschließlich den 9-Euro-Nagellack „Ballet Slippers" von Essie.

83 Elizabeth ist zwei Jahre alt, als die erste Wachsfigur von der jungen Prinzessin in Madame Tussauds entsteht. Seitdem gibt es 21 weitere Versionen, die letzte zum diamantenen Thronjubiläum 2012.

84 Die königliche Sammlung von etwa 150.000 Gemälden, unter anderem von Rubens, Rembrandt, Tizian und Raffael, wird von der Königin treuhänderisch für die Nation verwaltet.

85 Jeden Tag im Jahr, egal wo sie ist, bekommt die Königin Regierungspapiere. Dazu treffen jeden Tag über 200 Briefe aus der Öffentlichkeit ein.

86 In ihrer Handtasche hat die Queen immer Minzbonbons, Kreuzworträtsel, Familienfotos, einen kleinen Spiegel, Lippenstift, Leckerlis für ihre Hunde sowie eine 5-Pfund-Note für den Kirchgang dabei.

87 Prinz Philip wird seiner Ehefrau zuliebe Nichtraucher, bereits am Morgen der Hochzeit hört der Royal von einer Sekunde zur nächsten auf zu rauchen.

88 Homeschooling kennt sie. Prinzessin Elizabeth wird zu Hause von Hauslehrern unterrichtet, darunter auch von ihrem Vater, König Georg VI.

89 Die Königin schickt im Jahr 1969 eine Glückwunschbotschaft an die Astronauten von Apollo 11 im Zuge der ersten Mondlandung. Der Mikrofilm wird in einem Metallbehälter auf den Mond gebracht.

90 Bei ihrem ersten Auftritt in der Öffentlichkeit an ihrem 16. Geburtstag versucht eine Begleiterin, Elizabeth mit einem Bonbon zu beruhigen.

91 Zum Tee werden gerne Scones gereicht. Das ist ein rundliches Gebäck aus Mehl, kalter Butter und Milch. Die königliche Art, Scones zu essen, besteht darin, sie entweder mit einem Messer zu schneiden oder mit den Händen zu brechen und zuerst Sahne und dann die Marmelade aufzutragen.

92 Die drei gescheiterten Ehen der Kinder von Queen Elizabeth sind nicht die ersten im Clan der Windsors. Prinzessin Margaret, die Schwester der Queen, lässt sich 1978 nach 18 Jahren Ehe scheiden.

93 Die junge Elizabeth ist eine gute Schwimmerin, die sogar Wettkämpfe gewinnt. Heute hält sie sich mit Ausritten und langen Spaziergängen fit.

94 Es ist Tradition, dass sich die Queen jeden Dienstag mit dem amtierenden Premierminister Großbritanniens trifft, um sich über aktuelle Regierungsangelegenheiten auszutauschen.

95 Prinz Philip ist der erste Untertan, der seiner Frau schwört: „Ich, Philip, Herzog von Edinburgh, werde Euer Lehnsmann an Leib und Leben und an irdischer Verehrung; und Glauben und Wahrheit will ich Euch tragen, zu leben und zu sterben, gegen allerlei Volk." *

Oben: Folgt man einem Gesetz aus dem Jahre 1324, gehören alle Störe, Wale, Schwäne und Delfine in den Gewässern in und um das Vereinigte Königreich der Queen. Unten: Am 06.09.2022 wird Liz Truss auf Schloss Balmoral in Schottland von der Queen offiziell zur Premierministerin ernannt; die Monarchin hat während ihrer 70 Jahre währenden Regentschaft nun drei Frauen und zwölf Männer in der Downing Street erlebt.

DIE OFFIZIELLEN PORTRÄTS

VON DER PRINZESSIN ZUR KÖNIGIN

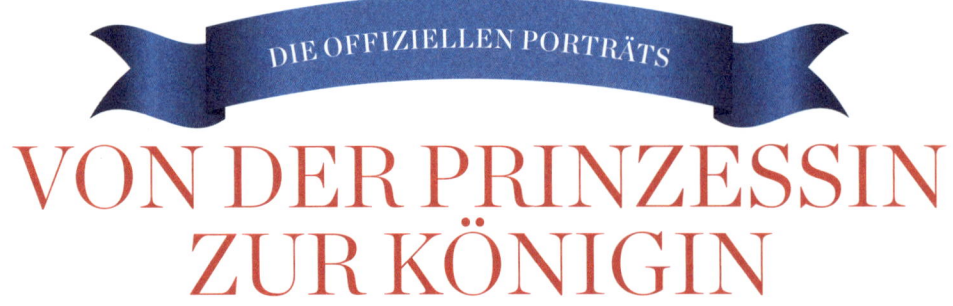

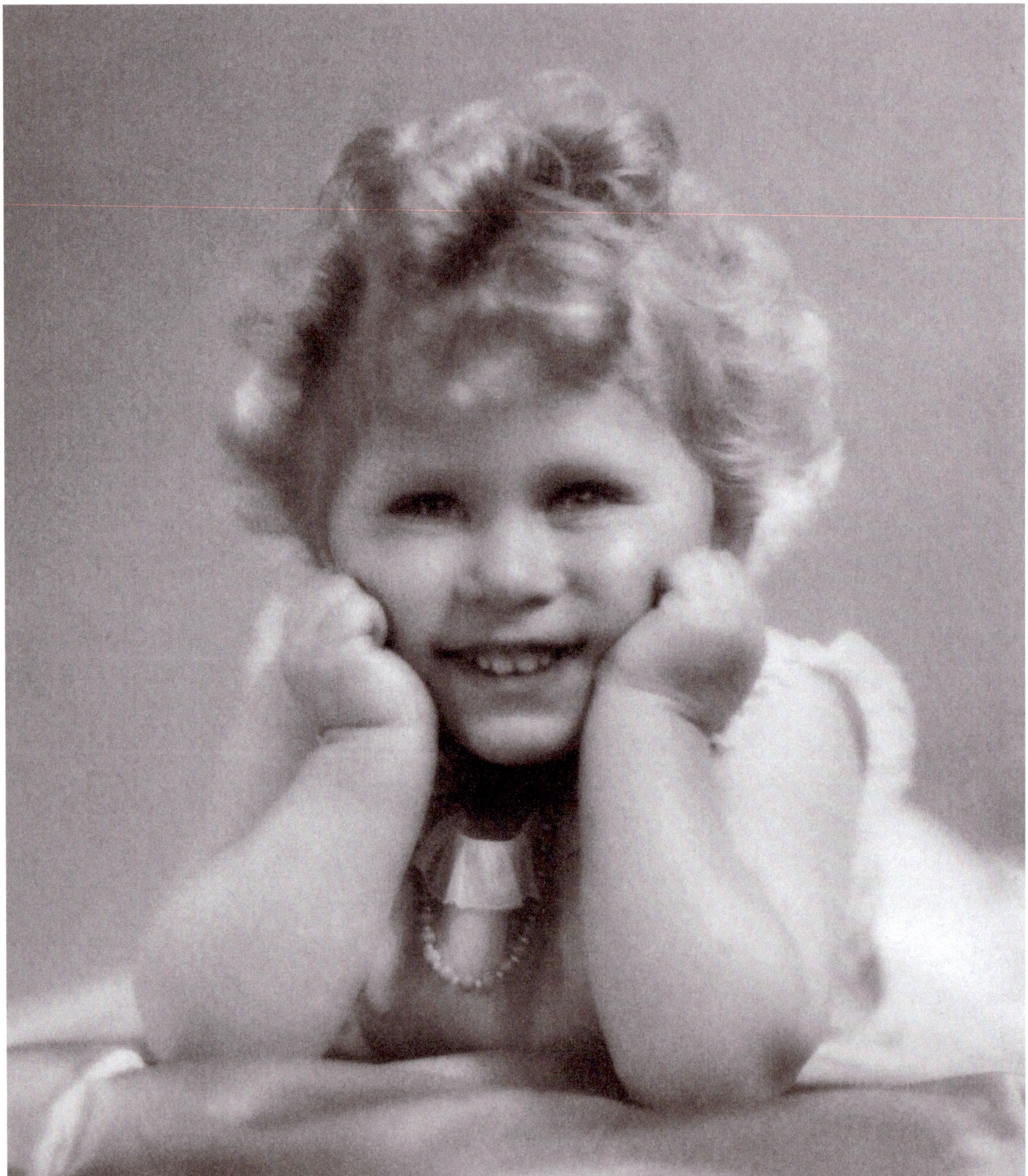

Oben: Der 1875 geborene Marcus Algernon Adams ist ein britischer Gesellschaftsfotograf, der für seine Kinderporträts bekannt ist. 1928 fotografiert er zweijährige Prinzessin. Rechts: Eine offizielle Aufnahme von Elizabeth in ihrer Sea-Rangers-Uniform während des Krieges 1944 in London.

Oben: Die frisch gekrönte Königin Elizabeth II. am 2. Juni 1953. Ihre Robe ist mit dem Muster der Tudor-Rose von England verziert, auf dem Kopf trägt sie die Kaiserliche Staatskrone, 1937 für ihren Vater angefertigt. Rechts: Die Queen im Jahre 1975, fotografiert von Peter Grugeon.

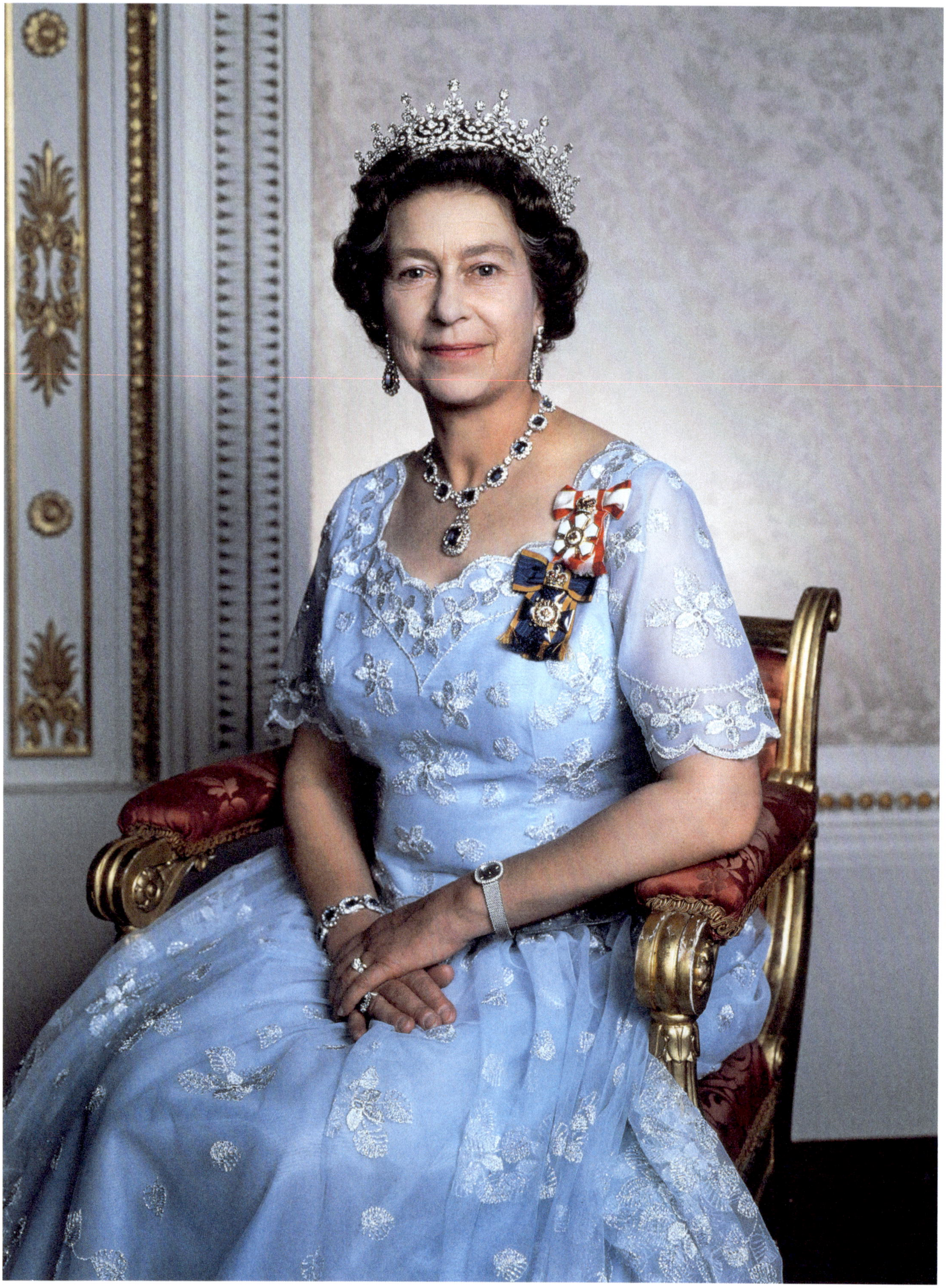

FOTO: YOUSUF KARSH/CAMERA PRESS/PICTURE PRESS/DDP

Oben: 1984 ist der berühmte kanadische Fotograf armenischer Herkunft Yousuf Karsh für das offizielle Porträt der Queen verantwortlich; 1996 dann der britische Fotograf Brian Aris, der seine Karriere als Fotojournalist beginnt, bevor er sich der Welt der Berühmtheiten zuwendet (rechts).

Oben: Vier Porträts, aufgenommen von ihrem Sohn Prinz Andrew im Jahr 2002, die zeigen, wie die Monarchin ganz entspannt in ein breites Lächeln ausbricht. Rechts: 2012 feiert die Queen ihr 60. Thronjubiläum – mit 22 offiziellen Veranstaltungen und der Eröffnung der Olympischen Spiele.

PFERDEFRAU DURCH UND DURCH

Ob auf dem Pferd oder in der Kutsche, als Züchterin oder Rennpferdebesitzerin – die Königin von Großbritannien ist eine Expertin voller Hingabe. Und dabei überaus erfolgreich

Text: Julia Rieß

Pferde sind ihre Leidenschaft. Die Queen ist sattelfest, und das nicht nur auf dem Pferd, sondern auch, wenn es um die Themen Pferdesport und Zucht geht. Als Rennpferdebesitzerin und Pferdezüchterin genießt sie in der Branche weltweites Ansehen. 8,8 Millionen Euro verdient sie laut „Daily Mail" zwischen 1988 und 2019 auf den Rennbahnen. Mit etwa 30 Pferden im Rennstall hat sie – verglichen mit anderen Rennsportakteuren – einen kleinen Bestand, aber der ist von hoher Qualität. „Sie wäre eine hervorragende Trainerin geworden", sagt John Warren, Zuchtberater und Racing Manager der Queen. Das Wohl der Pferde komme für sie immer zuerst, lobt er, und wenn es um die Gesundheit ihrer Tiere gehe, könne er sie Tag oder Nacht anrufen. Bei ihren jährlichen Besuchen des königlichen Gestüts Royal Stud auf dem Sandringham-Anwesen in Norfolk, nordwestlich von London, prüft sie, ob ihre Ansprüche an Aufzucht, Training und Gesundheit ihrer vierbeinigen Schützlinge erfüllt sind. Sie geht aber nicht nur mit selbst gezüchteten Galoppern an den Start. So ist das Pferd, mit dem sie bis dato am meisten Geld verdient, der Hengst Carlton House, ein Geschenk des Herrschers von Dubai, Scheich Mohammad Al Maktoum. Der Galopper bringt der Queen insgesamt 875 000 Euro ein, inzwischen arbeitet er als Deckhengst. In drei Jahrzehnten, rechnet die „Daily Mail" vor, nehmen die Pferde der Queen an 3205 Rennen teil. 534 davon gewinnen sie. So ziemlich jedes Renn-Event in Großbritannien haben die Pferde der Queen zumindest einmal gewonnen. Nur eines nicht: das Epsom Derby. Jahr für Jahr verpasst der jeweilige Favorit der Queen den Sieg. Der Laune der Queen kann das aber nichts anhaben. Sie liebt den Sport und die Pferde, und das ist ihr wichtiger als ein Sieg. Matthew Newman, Experte bei der britischen Pferderennsportseite myracing.com: „Sie macht es zu 100 Prozent aus reiner Freude. Es gibt eine lange königliche Rennsporttradition, und ich denke, dass sie es

genießt, das fortzuführen. Niemand würde je ihre aufrichtige Liebe zu ihren Pferden infrage stellen." Man sehe förmlich, wie sie auf der Rennbahn aufblüht, so Newman: „Ein Blick auf ihr Gesicht, wenn die Pferde loslaufen, verrät einem alles, was man wissen muss." Auch der Reiterverband International Federation of Equestrian Sports ist von der Mischung aus Sachverstand und Pferdeliebe angetan und verleiht der Königin im Jahr 2014 den Lifetime Achievement Award. Die Verbandspräsidentin Prinzessin Haya erklärt bei der Überreichung der Auszeichnung, warum: „Ihre Majestät Königin Elisabeth II. ist ihr Leben lang eine Liebhaberin von Pferden, die Millionen auf der ganzen Welt inspiriert hat. Sie ist wahrlich eine Reiterin, die ihrem Hobby stets nachgeht, solange es ihr die royalen Pflichten erlauben. Ihr Wissen über Pferdezucht und die Blutlinien ist unglaublich. Die Verbindung zwischen der Queen und ihren Pferden ist wirklich außergewöhnlich."

Neben dem Rennsport widmet sich die britische Königin auch der Zucht unterschiedlicher Rassen. Das familieneigene Gestüt beim Landsitz Sandringham beherbergt die kleine, aber feine Vollblutzucht der Queen, die als Pedigree-Expertin ersten Ranges gilt. Daneben setzt sie sich für den Erhalt und die Zucht traditioneller britischer Pferderassen wie Shetland-, Highland- oder Fell-Ponys ein. Letztere sind übrigens nicht nach ihrer Haarpracht benannt, sondern nach der Hügelkette „Fells", die in der unwirtlichen Region in Cumbria im Norden Englands liegt, von der die Tiere stammen.

Der langjährige Bedienstete der Queen und Butler der Königsfamilie Paul Burrell ist sich sicher: Wäre die Queen nicht Königin geworden, dann würde sie mit ihren Pferden und Hunden auf dem Land leben und damit sehr glücklich sein. Sie hadere aber nie mit ihrem Schicksal, stellt er gleichzeitig klar. Im Podcast „The Secret To" mit Vicky Pattison erzählt Burrell: „Wir haben eines

> **Sie setzt sich für den Erhalt und die Zucht traditioneller britischer Pferderassen ein**

Mit ihrer Stute Betsy auf dem Sandringham-Anwesen im Jahr 1964. In einem ansonsten minutiös durchgeplanten Leben „bedeuten Pferde ein Stück Freiheit für Queen Elizabeth", verrät ein Palast-Insider.

Der Einstieg ins Renn- und Zuchtgeschäft kommt mit dem Tod ihres Vaters im Jahr 1952: Elizabeth erbt den Zucht- und Rennbestand von König George VI. Seitdem entscheidet sie durchschnittlich neun Rennen pro Jahr für sich. Eines der ersten davon war das Hardwicke-Stakes-Galopprennen in Ascot am 18. Juni 1954. Ihr Hengst Aureole (links) wird von Eph Smith zum Sieg geritten (unten). Die Queen strahlt, während sie ihr Pferd nach dem Sieg in Ascot streichelt. Der Hengst ist ein Vermächtnis ihres Vaters (oben).

Die Rappstute Burmese, ein Geschenk der Royal Canadian Mounted Police (RCMP) an die Queen, trägt die Monarchin 18 Jahre lang bei der jährlichen Militärparade „Trooping the Colour". Von Burmese und sich selbst lässt die Monarchin eine überlebensgroße Bronzestatue anfertigen. Das Denkmal steht im kanadischen Regina, dem Geburtsort der Stute.

Tages die Hunde gefüttert, und sie sagte zu mir: ‚Ich habe einen Eid vor Gott geschworen, Paul, in der Westminster Abbey an dem Tag, als ich zur Königin gekrönt wurde, um meinem Land zu dienen, solange mein Körper atmet, und das ist es, was ich vorhabe zu tun." Allerdings seien die Prioritäten im Königshaus, was die Beziehungen angeht, stets klar gewesen. „Wir hatten ein Sprichwort im Buckingham Palace", so Burrell, „Pferde, Hunde, Ehemänner und Kinder, und das war die Rangordnung. Sogar die Pferde kamen vor ihrem Ehemann." So ernst die Queen ihre Pflichten schon immer nimmt – ihre Gedanken sind vielleicht doch öfter auf der Rennbahn als im Schloss, wie folgende Anekdote vermuten lässt: Die Krönung der Queen im Juni 1953 steht bevor. Als kurz vor der Zeremonie eine Hofdame besorgt zur Königin sagt: „Sie müssen wohl sehr nervös sein, Ma'am.", antwortet diese: „Natürlich bin ich das, aber ich denke doch, dass Aureole gewinnen wird." Aureole ist der Star im Rennpferdestall der Queen und soll am darauffolgenden Tag beim Derby antreten. Der Hengst geht jedoch als Zweiter durchs Ziel.

Die Leidenschaft für Pferde wird Elizabeth in die Wiege gelegt: Ihre Eltern, der spätere König George VI. (1895–1952) und „Queen Mum", Elizabeth Bowes-Lyon (1900–2002), sind große Pferdefreunde. Geweckt wird die Leidenschaft, als die zukünftige Königin im zarten Alter von drei Jahren vorsichtig auf einen Pferderücken gesetzt wird. Und als ihr Großvater König George V. ihr ein Jahr später das Shetlandpony Peggy schenkt, ist es vermutlich schon ganz um sie geschehen. Von frühester Kindheit an bis ins hohe Alter begleiten Pferde die Königin. Die Vierbeiner spielen bei den Royals immer eine große Rolle und sind bis heute ein wichtiger Bestandteil des höfischen Lebens. Neben der Queen sind fast alle Mitglieder des Königshauses bekennende Pferdenarren und zum Teil hervorragende Reiter. Kaum ein Familienmitglied bis hin zur Generation William und Harry, das nicht dem Vielseitigkeitsreiten, dem Pferderennen oder dem Polospiel zugewandt ist oder gar im Sattel an Olympischen Spielen teilgenommen hat.

So ist Elizabeth's Gatte Prinz Philip bis 1970 im Polosport aktiv und wechselt dann ins Fahrsportlager, wo er WM-Erfolge im Vierspänner feiert. Bis ins hohe Alter bleibt er dem Sport treu und nimmt an Wettbewerben teil. Allerdings wechselt er irgendwann von den temperamentvolleren Holsteinern zu den gelassenen

Fast alle Mitglieder des Königshauses sind bekennende Pferdenarren

Die Queen reitet auch mit 94 Jahren noch gerne auf ihrem Fell-Pony über das Anwesen rund um Windsor Castle. Nie mit Helm – aber immer mit Kopftuch.

Fell-Ponys. 22 Jahre lang ist er Präsident der FEI. Thronfolger Prinz Charles nimmt selbst als Jockey an Pferderennen teil und ist rund vier Jahrzehnte lang begeisterter und international erfolgreicher Polospieler mit beachtlichem Handicap. Auch er kann einen Viererzug lenken und geht begeistert zur Fuchsjagd. Seine Söhne William und Harry sind gute Polospieler und Jagdreiter. Nur Schwiegertochter Kate hat einen schweren Stand: Inmitten der pferdevernarrten Familie kämpft sie mit einer Pferdehaarallergie.

Prinzessin Anne ist passionierte Vielseitigkeitsreiterin, wird 1971 in Burghley Europameisterin auf einem von der Queen selbst gezogenen Pferd namens Doublet und nimmt 1976 als erstes Mitglied der Royal Family an Olympischen Spielen in Montreal teil. Über sie sagt ihr Vater Prinz Philip einst etwas unfein: „Anne interessiert sich für niemanden, der kein Heu frisst und furzt." Annes Tochter Zara Tindall, geborene Phillips, erbt die Leidenschaft und gehört ebenfalls zur internationalen Spitze in der Vielseitigkeit. Insgesamt gewinnt sie dreimal EM-Gold. 2006 wird sie in Aachen Weltmeisterin der Vielseitigkeit und gewinnt mit der Mannschaft Silber. Ihre Teilnahme an den Olympischen Spielen muss sie gleich zweimal zurückziehen, weil sich ihr Pferd Toytown verletzt. Doch im Jahr 2012 kann sie schließlich mit der Mannschaft Olympisches Silber holen. Die Queen freut sich über Zaras Erfolge, aber auch darüber, dass sich ihre Lieblingsenkelin zur Physiotherapeutin für Mensch und Pferd ausbilden lässt.

Großbritannien hat sich die uralte kulturhistorische Bindung zum Pferd erhalten, und daran ist nicht zuletzt die Pferdeliebe des Königshauses schuld. So ist die Kavallerie noch immer ein regulärer Bestandteil des Militärs – außer Großbritannien gibt es nur noch wenige Staaten, bei denen dies so ist. Die berittenen Einheiten sind fester Bestandteil bei Zeremonien, wie der Militärparade „Trooping the Colour", die jedes Jahr im Juni zu Ehren des Geburtstags der Queen durchgeführt wird. Die Parade wird von der Königin abgenommen, die diese 36-mal auf dem Pferd im Damensattel begleitet. Seit 1987 nimmt die Queen aufgrund ihres Alters in einer Kutsche teil.

Und dann gibt es da ja auch noch die lebenslange enge Freundschaft der Queen zu Lord Henry Porchester, die immer mal wieder für Spekulationen sorgt, vor allem nachdem die Netflix-Serie „The Crown" im Jahr 2019 diesbezüglich die Fantasien anregt. Es ist gar die Rede davon, dass Lord Porchester der echte Vater von Prinz Andrew, der im Februar 1960 zur Welt kommt, sein könnte. „Porchie" ist ein Pferdenarr und steigt bereits mit 19 Jahren in die Pferdezucht ein. Er und die zwei Jahre jüngere Elizabeth kennen sich von Kindesbeinen an. Er begleitet sie zum Debütantinnenball und zu Pferderennen. Sie verbindet die gemeinsame Leidenschaft für Pferde. 1969 wird Porchie der Renn-Manager der Queen. Auf einer gemeinsamen viertägigen Reise nach Frankreich und Amerika sehen sich die beiden verschiedene Ställe und Gestüte an und holen sich neues Wissen für Zucht und Rennsport. Vielleicht bekommt Elizabeth auf dieser Reise eine Idee davon, wie sich ihr Leben angefühlt hätte, wäre nicht ihr vorbestimmtes Schicksal gewesen, Königin von Großbritannien zu werden. Denn dann wäre sie bestimmt Pferdezüchterin geworden, glaubt auch die Historikerin und Königshaus-Kennerin Kate Williams und bestätigt damit die Vermutung des Butlers Paul Burrell. Aber Elizabeth habe gewiss nie Augen gehabt für jemand anderen als ihren Prinz Philip. Porchie stirbt im Alter von 77 Jahren im September 2001 an einem Herzinfarkt. Sein Schwiegersohn John Warren übernimmt seine Nachfolge als Renn-Manager der Queen. ✳

Die enge Freundschaft zu Lord Henry Porchester sorgt immer mal wieder für Spekulationen

Gäbe es eine Botschafterin für den besten Freund des Menschen unter den Royals, dann hätte Queen Elizabeth II diese Rolle inne.

FOTO: YOUSUF KARSH/CAMERA PRESS/PICTURE PRESS/DDP

WILLOW WAR DER LETZTE …

Die Queen züchtet nicht nur Pferde und Ponys, sondern
mit besonderer Vorliebe auch Corgis und Dorgis

Erst Pferd, dann Hund, dann Ehemann und zuletzt die Kinder: Das ist die „Rangliste" der Queen, die inoffiziell im Königshaus kursiert. So erleben die Angestellten die Prioritäten Ihrer Majestät. Mit „Hund" sind vor allem die als Hütehund bekannten Welsh Corgis und die von der Queen kreierte Rasse Dorgis gemeint. Denn seit König George VI. und Queen Mum im Jahr 1933 den ersten Corgi, Dookie, nach Hause bringen, ist Elizabeth verrückt nach den kurzbeinigen Hunden. Zu ihrem 18. Geburtstag im Jahr 1944 bekommt Prinzessin Elisabeth eine eigene Corgi-Dame: Susan. Die wirft ihre ersten Welpen im Jahr 1949. Das ist der Startschuss für die königliche Corgi-Zucht, die mittlerweile mindestens 14 Hundegenerationen umfasst. Mehr als 30 Welsh Corgi Pembrokes hat Ihre Majestät während der letzten 70 Jahre besessen – und alle sollen Nachfahren ihrer geliebten Susan sein. Einen ihrer Corgis namens Tiny kreuzt sie im Jahr 1971 mit einem Dachshund namens Pipkin. Ob dies

absichtlich geschieht oder ein Unfall ist, ist nicht bekannt. Das Ergebnis aber findet die Queen entzückend. Die daraus entstandene Rasse nennt sie Dorgis, die sie fortan züchtet. Ihren letzten reinrassigen Corgi, Willow, hat die Queen 2018 im Alter von 13 Jahren einschläfern lassen müssen. Einer ihrer letzten Dorgis, Vulcan, stirbt im November 2020. Übrig bleibt nur noch Dorgi Candy – der allerdings Anfang 2021 quirlige Gesellschaft bekommt. Der Queen werden zwei Corgi-Welpen geschenkt. „Die Queen ist entzückt", zitiert die „Sun" einen Palast-Insider. „Es ist undenkbar, dass die Queen keine Corgis hat – das ist, als wenn der Londoner Tower keine Raben hätte." Die Hunde der Queen führen übrigens alles andere als ein Hundeleben. So lässt Queen Elizabeth II ihren Lieblingen gern traditionelle englische Rosinenbrötchen mit Sahne und Erdbeermarmelade servieren. Die Tierärzte sehen das zwar überhaupt nicht gern, doch gegen die Königin sind sie machtlos …

EINE STARKE VERBINDUNG

Nicht nur Prinz William wendet sich mit allen wichtigen Fragen zuallererst an seine Großmutter. Diese Rolle der verantwortungsbewussten Groß- und Urgroßeltern ist für die Queen und den Herzog etwas ganz Besonderes

Als die Königinmutter 2002 stirbt, hält Prinz Charles eine bewegende Ansprache, in der er die ganz besondere Beziehung hervorhebt, die er und seine „liebe, zauberhafte" Großmutter geteilt haben. Für ihn, sagt er, „bedeute sie alles. Ich habe mich vor diesem Moment gefürchtet. Irgendwie habe ich nie gedacht, dass er kommen würde. Sie schien einfach unaufhaltsam zu sein."

Diese Art von enger, vertrauter Beziehung zur Großmutter gibt Charles an die nächste Generation weiter. Prinz William hat die gleiche besondere Verbindung zu seiner Großmutter, der Queen. Sie stehen sich seit seiner Schulzeit in Eton sehr nahe. William ging jeden Sonntagnachmittag mit der Königin zum Tee ins nahe gelegene Schloss Windsor – ein ähnliches Ritual wie bei der Königinmutter, die durch ihre regelmäßige Korrespondenz mit Charles verbunden war, ganz gleich, ob dieser sich in Schottland oder Australien aufhielt.

Es gibt einen berühmten Moment, als William als Kleinkind im Buckingham Palace umfällt und anfängt zu rufen: „Gary, Gary!" Als ein Gast fragt, wer denn Gary sei, erklärt Ihre Majestät: „Ich bin Gary. Er hat noch nicht gelernt, Granny zu sagen!" Heute nennt Williams Sohn, Prinz George, seine Urgroßmutter „Gan-Gan", verrät die Herzogin von Cambridge. Und es ist nicht nur die königliche Großmutter, die ihren Enkelkindern nahesteht. Prinz Harry und der Herzog von Edinburgh teilen zum Beispiel einen recht derben Sinn für Humor und werden häufig beim gemeinsamen Lachen gesehen. Wenn man sich Fotos von einem bärtigen Prinz Philip in Uniform aus dem Jahr 1957 ansieht, ist die Ähnlichkeit mit dem heutigen Prinz Harry verblüffend.

Gerüchten zufolge ist der älteste Enkel Peter Phillips, Sohn von Prinzessin Anne und ihrem ersten Ehemann, Kapitän Mark Phillips, der Liebling der Königin: „Ich stand meiner Großmutter immer sehr nahe, und wir sprechen oft miteinander. Sie ist mein ganzes Leben lang schon eine inspirierende Person für mich. Wir hatten großen Spaß, als wir in den Ferien bei ihr in Sandringham, Balmoral und Windsor waren, und wir hatten das unglaubliche Glück, einen großen Teil unserer Kindheit mit ihr teilen zu können. Es gab eine Menge Platz für Kinder zum Herumtollen, und es waren nicht nur wir, sondern auch die Wales [William und Harry], Freddie und Ella Windsor und die Gloucesters", erinnert er sich.

Peter und seine Frau Autumn schenken der Königin und dem Herzog 2010 das erste Urenkelkind, Savannah; 2012 kommt dann ihre Schwester Isla zur Welt. Obwohl nicht offiziell bestätigt, wird die Wahl von Elizabeth als Islas zweitem Vornamen im Jahr des diamantenen Thronjubiläums der Queen als diskrete Hommage an die „Granny" gesehen. Peters jüngere Schwester, Zara Tindall, ist die Mutter der Lieblings-Urenkelin der Queen – der süßen kleinen Mia Grace Tindall.

Das Familienleben ist für die Königin während ihrer gesamten Regentschaft eine wesentliche Stütze. Wie viele Matriarchen versammelt sie zu Weihnachten gerne ihre Großfamilie um sich und zeigt sich mit ihr nach der Kirche in der Nähe des königlichen Anwesens Sandringham in Norfolk beim üblichen Weihnachtsspaziergang.

Wie auf diesen Bildern zu sehen, genießt die neue Generation die Gesellschaft der Großmutter und nimmt gerne an öffentlichen Veranstaltungen teil. Dass die Bindung zwischen den Generationen sehr stark ist, steht dabei völlig außer Frage. Das wird auch nach dem Tod von Diana auf ergreifende Weise offensichtlich, als die Königin darauf besteht, in Balmoral zu bleiben, um bei ihren Enkeln zu sein, die ihre erste Sorge waren. ✳

Die ersten vier von insgesamt acht Enkelkindern (von links nach rechts): Prinz William, geboren 1982, Prinz Harry, geboren 1984 (vorne), Peter Phillips, geboren 1977 (hinten), und Zara Phillips, geboren 1981.

Oben: Die Queen mit William und Harry 1987 in der Royal Box im Guards Polo Club in Windsor; die pferdebegeisterte Königin führt ihre Enkel in den edlen Polosport ein. Und das mit Erfolg, beide Prinzen haben seit Jahren eine Leidenschaft für Polo, sind Stammgäste auf dem Polofeld und bestreiten sogar Turniere. Unten: Die Wales-Familie sowie die Kinder von Prinzessin Anne, Zara und Peter Phillips, besichtigen zusammen mit Queen Elizabeth 1988 ein restauriertes altes Feuerwehrauto. 1988 ist übrigens das Jahr, in dem Prinz Charles ein schweres Lawinenunglück, bei dem ein enger Freund stirbt, überlebt und sich Diana und Charles nach diesem für ihn so schmerzhaften Erlebnis kurzfristig wieder annähern.

Oben: Die Leidenschaft der Queen für Pferde ist grenzenlos und wird von ihrer Familie geteilt. So zum Beispiel besuchen die jungen Eltern Sarah, Herzogin von York, und Prinz Andrew mit ihrer Tochter Prinzessin Beatrice im Mai 1991 die Royal Windsor Horse Show in Berkshire. Unten: Ein trauriger Anlass – die königlichen Großeltern mit ihren Enkelinnen Beatrice und Eugenie 1998 auf dem Weg zu einem Gedenkgottesdienst für Diana, Prinzessin von Wales. Beatrice und Eugenie haben ihre Großmutter schon bei mehreren Gelegenheiten in den allerhöchsten Tönen gelobt, werden aber häufiger mit ihrem Großvater, Prinz Philip, zum Beispiel beim Jubeln am Derby Day gesehen.

*Oben links: Drei Generationen Rei-
terinnen – die Königin auf ihrem
selbst gezüchteten Pferd Tinkerbell,
Prinzessin Anne (rechts) auf Peter
Pan und Zara Phillips auf Tiger
Lily im Windsor Great Park. Die
britische Königin ist gerade 78
geworden. Auch heute noch mit 95
steigt sie in den Sattel. Oben rechts:
Vier Generationen treffen bei der
Taufe von Prinzessin Charlotte
im Jahr 2015 zusammen. Rechts:
Prinz William und Herzogin Kate,
Peter Phillips und seine Frau
Autumn mit ihren Kindern beim
Trooping the Colour Flypast im
Juni 2017. Seit 1748 markiert
Trooping the Colour auch den
offiziellen Geburtstag des britischen
Souveräns. Es findet jährlich am
zweiten Samstag im Juni in London
bei der Horse Guards Parade im
St. James's Park statt.*

Die Königin sieht sich ein Feuerwerk zu ihrem 80. Geburtstag an, während (von links nach rechts) Prinz William, Peter Phillips, Lady Sarah Chatto, Zara Phillips und Prinz Harry den Spaß mit ihr teilen. Lady Sarah Chatto, Prinzessin Margarets einzige Tochter, ist übrigens eine eher stille Größe in der britischen Königsfamilie. Als Patentante, Nichte und Vertraute ist die Malerin zwar überaus beliebt, doch die Öffentlichkeit nimmt kaum Notiz von ihr. Seit 1994 ist die zweifache Mutter mit dem britischen Künstler und ehemaligen Schauspieler Daniel Chatto verheiratet.

SICH ABHEBEN UND TROTZDEM EINFÜGEN

Angela Kelly kommt 1994 als eine der königlichen Kleidermacherinnen an den Hof Ihrer Majestät. Zwei Jahre später bietet man ihr die Leitung der Kleiderwerkstatt an. Sie ist persönliche Assistentin, Beraterin und Verwalterin der Garderobe der Queen. Hier gewährt sie uns einen Einblick in ihre Arbeit

Text: Angela Kelly

Manche Modeschöpfer denken sich einen Schnitt im Kopf aus, bannen ihre Vorstellung mit einer Skizze auf Papier, und voilà, fertig ist die „Kreation". Andere beziehen ihre Inspiration aus dem Betrachten und Befühlen der Stoffe. Auch ich brauche den Kontakt zum Material.

Ich freue mich auf die ruhigen Momente – oft am Ende des Tages –, in denen ich mich in den Materialraum zurückziehen kann, wo ich mit den Stoffen spiele, meiner Fantasie freien Lauf lasse und spüre, wie sich alles wie von selbst zu einer Kreation zusammenfügt.

Bei weichen, leichten Materialien achte ich auf viel Bewegung und schaue, ob der Stoff graziös und elegant fällt. Manchmal schalte ich sogar einen Ventilator ein, nur um zu sehen, wie sich schwerelose, fließende Materialien wie Chiffon, Organza, Seide oder Crêpe de Chine im Luftzug verhalten.

Normalerweise versuche ich, für einen Stoff mindestens vier verschiedene Modelle zu entwerfen, damit die Queen eine Auswahl hat. Doch wenn mich ein Stoff richtig begeistert, sprudle ich nur so vor Ideen. Dabei darf ich jedoch nie aus den Augen verlieren, dass Ihre Majestät ständig im Blickpunkt der Öffentlichkeit steht und jedes Kleid anders aussehen muss. Die Garderobe der Königin ist nicht nur äußerst umfangreich,

sondern wird auch weltweit beachtet. Sie weist eine ungeheure Bandbreite auf, vom schlichten, eleganten Tageskleid bis zur offiziellen, aufwendig gearbeiteten Staatsrobe.

Die Queen hat ein außergewöhnliches Gespür für Kleidung und Mode und weiß sehr gut, was ihr steht und was sich für einen bestimmten Anlass eignet. Wir gehen die Entwürfe gemeinsam durch und achten dabei vor allem auf Eleganz und Stilsicherheit. Außerdem haben wir verschiedene Skizzen mit angehefteten Stoffproben vorbereitet, damit die Königin eine bessere Vorstellung von einem Entwurf bekommt.

Nach dem ersten Gespräch über einen Entwurf notiere ich mir die Wünsche der Königin, ihre Verbesserungs- und Änderungsvorschläge. Dann lege ich die Ausführung endgültig fest und erstelle eine technische Zeichnung mit dem Schnittmuster. Der Schnitt erfordert großes Geschick, technisches Verständnis und Einfühlungsvermögen. Meine Mitarbeiterinnen haben hierin viel Erfahrung. Sie kennen sich mit den Proportionen des menschlichen Körpers aus und wissen um das spezifische Verhalten verschiedener Stoffe und die Erfordernisse des jeweiligen Entwurfs. Anschließend bespreche ich Schnitt und Material mit den Schneiderinnen, damit sie das Kleid für die Anprobe fertigstellen können.

Bei großen Ereignissen darf die Garderobe ruhig glitzern und funkeln. Und wie jeder Designer weiß, können Perlen, Pailletten und Kristallsteine ein eigentlich unauffälliges Gewebe in ein überaus kostbar erscheinendes Material verwandeln. Auf den königlichen Reisen nutze ich daher jede Gelegenheit, hochwertige, regional gefertigte Stoffe und funkelnde Accessoires zu erwerben. Hin und wieder verwenden wir Material, das bereits mit Perlen bestickt ist, wobei hier alles gut geplant sein muss, da der Zuschnitt perlenbesetzter Stoffe ein Albtraum sein kann. Mit einem Hämmerchen zerstoßen wir die Perlen entlang der Nahtlinien, insbesondere entlang der Säume, damit wir mit der Maschine anschließend ausreichend Platz zum Nähen haben. Große Perlen mögen eine dramatische Wirkung haben, doch sie können sehr unbequem für die Trägerin sein, zumal wenn sie darauf sitzt.

Wir geben den Kleidern der Königin gern Namen. Dabei haben wir viel Spaß, doch erleichtern sie uns auch die Arbeit – jeder von uns weiß immer gleich, welches Ensemble gemeint ist. Wenn wir die Garderobe anhand des königlichen Terminkalenders zusammenstellen, schauen wir stets nach, was die Königin wann und wo schon einmal getragen hat. Trug Ihre Majestät beispielsweise bei ihrem letzten Besuch in Südengland Rot, verzichten wir beim nächsten Mal auf diese Farbe – selbst wenn es sich um ein völlig anderes Kleid handelt. Die Farbe hinterlässt immer den stärksten Eindruck – vor allem im Fernsehen –, daher könnte das Ensemble einfach zu ähnlich wirken. Damit wir nicht den Überblick verlieren, führen alle Kleidermacherinnen ein eigenes Garderoben-Tagebuch, in dem sie die Details zu jedem Ensemble und den Anlass notieren, bei dem es getragen wurde. Dazu denken wir uns die passenden Namen aus, bei denen wir unserer Fantasie freien Lauf lassen. Jede Kleidermacherin legt ihre eigenen, handschriftlichen Aufzeichnungen an. So kann nichts verloren gehen, selbst wenn einmal ein Tagebuch abhandenkommt oder beschädigt wird. Meine Stellvertreterin Kate und die Mannschaft vergleichen ihre Aufzeichnungen immer wieder und können stets genau sagen, welche Kleidungsstücke und Farben zu welchem Anlass getragen wurden. So vermeiden wir Wiederholungen. In den Garderoben-Tagebüchern wird auch der Schmuck notiert, den die Queen trägt – angesichts der sehr umfangreichen Schmucksammlung hilft uns das sehr, auch hier den Überblick zu behalten.

Die Farbe ist eines der Schlüsselkriterien für die Auswahl von Stoffen. Es ist sehr wichtig, dass die gewählte Farbe sowohl Ihrer Majestät steht als auch dem Anlass angemessen ist. Kräftige Farben eignen sich für Veranstaltungen bei Tageslicht und sorgen dafür, dass sich die Queen bei ihrem öffentlichen Auftritt aus der Menge heraushebt. In Innenräumen muss man bei abnehmendem Licht oder bei Kerzenschein die Wirkung der Lichtverhältnisse auf Farbe und Struktur des Stoffes berücksichtigen. Der Grundsatz lautet: Die Queen soll jederzeit eine gute Figur machen – aber: Sie soll sich mit der gewählten Farbe und dem Material ihrer Garderobe auch wohlfühlen, egal wo sie ist und was sie zu tun hat.

Wenn Sie noch mehr von Angela Kelly erfahren, einen Blick in die königlichen Ateliers im Buckingham Palace werfen und am Entstehungsprozess der königlichen Garderobe teilhaben wollen, empfehlen wir Ihnen dieses wunderschön gestaltete Buch: „Das trägt die Queen", Elizabeth Sandmann Verlag, 144 S., 14,95 €

Wenn ich für die Queen einen Hut entwerfe, berücksichtige ich natürlich Stil und Farbe der Kleidung. Zeigt sich die Queen während eines Rundgangs, sind darüber hinaus auch die Höhe der Hutkrone und die Breite der Krempe von Bedeutung. Da die Menschen von weit her anreisen in der Hoffnung, einen Blick auf die Königin zu erhaschen, ist einmal mehr die Sichtbarkeit ein wichtiger Faktor. Zu solchen Gelegenheiten trägt die Queen daher einen Hut mit relativ hoher Krone, um besser gesehen zu werden.

Bei den von uns verwendeten Materialien handelt es sich meist um Pflanzenfasern. Sinamay zum Beispiel stammt von einer Bananenpflanze, die auf den Philippinen wächst. Unbehandelt fühlt sich die raue Faser wie ein dicker Grashalm an. Bei der Verarbeitung aber werden die Fasern zerteilt und dadurch so fein, dass man sie wie Garn weben kann. Sinamay ist ein ideales Material für Hüte, es ist leicht und luftdurchlässig, kann hervorragend in Form gebracht und gebogen werden, selbst zu Schleifen und Kreisen. Außerdem lässt es sich versteifen und wunderbar färben, sodass es zu jedem Ensemble passt. Bevor die Hutmacher die vielfältigen Verwendungsmöglichkeiten von Sinamay entdeckten, wurde es hauptsächlich zum Blumenbinden verwendet.

Ihre Majestät Königin Elizabeth II. gibt am 3. Dezember 2019 in London im Buckingham Palace einen Empfang anlässlich des 70-jährigen Bestehens der NATO-Allianz.

Viele Kleider der Queen werden eigens für spezielle Anlässe entworfen. Zum Beispiel für Staatsbesuche Ihrer Königlichen Hoheit und Seiner Königlichen Hoheit, des Herzogs von Edinburgh, im Ausland oder für Empfänge für Mitglieder anderer Königshäuser und Staatsoberhäupter bei der Königin. Die Queen stellt gern auch mit ihrer Garderobe einen Bezug zu ihren Gastgebern oder Gästen her, weshalb in der Vorbereitung solcher Ereignisse die Königin und ich gemeinsam die Entwürfe besprechen und versuchen, einen zur Kultur des entsprechenden Landes passenden Stil zu finden.

Für die Anprobe mit der Queen
ist oft ein halber Tag anberaumt,
manchmal, wenn lediglich ein
oder zwei wichtige Ensembles
vorzustellen sind, auch eine
kürzere Sitzung am Vormittag.
Um die Zeit Ihrer Majestät
optimal zu nutzen, bemühe ich
mich aber meist darum, dass zu
einem Termin mindestens vier oder
fünf Kleidungsstücke vorliegen.
Die jeweils zuständige Schneiderin
steht mit ihrem Handwerkszeug
bereit: einem Messstab aus Holz,
einer kleinen Schere, einem Maß-
band, einem Nadelkissen oder
Stecknadeldöschen und Schnei-
derkreide. Die Anprobe ist eine
sehr private Angelegenheit, bei
der nur meine Mitarbeiterinnen
zugegen sind – mit Ausnahme
von ein oder zwei Corgis, den
Lieblingshunden der Königin, die
immer gern alles im Blick haben.